Unser Hund –

Der Parson Russell Terrier und Jack Russell Terrier

Rani MorningStar

KYNOS VERLAG

Foto: Linda Miller

Titel der englischen Originalausgabe: Living with a Jack Russell Terrier

Dr. Dieter Fleig GmbH • 54570 Mürlenbach/Eifel
Telefon: 06594/653 • Telefax: 06594/452 • http://www.kynos-verlag.de

Aus dem Englischen übertragen von Elke Peper
Gesamtherstellung: Interpet Publishing, Dorking, U.K.

ISBN 3-938071-08-7

INHALTSVERZEICHNIS

Kapitel 1

Herkunft und Entwicklung der Rasse

Eigentlich ist über den Parson Russell Terrier bereits alles gesagt: Es ist jener kleine, lebhafte Hund aus dem englischen Devon, den jeder kennt und der heute zu einem der beliebtesten Hunde der westlichen Welt geworden ist – liebevoll und liebenswert, seinem Herrn treu ergeben, mit überschäumendem Terriertemperament!

Verwurzelt im Schoß der Kirche

Der Ursprung vieler sehr alter Rassen liegt im Dunklen – die Herkunft des Parson Russells dagegen ist recht gut dokumentiert, da die Rasse keine 200 Jahre alt ist. Dazu trägt auch die Tatsache bei, dass die Rasse nach ihrem Schöpfer, dem Reverend John (Jack) Russell benannt ist, über den man einiges weiß. John Russell wurde am 21. Dezember 1795 in Dartmouth auf Belmont House geboren; seine Familie lebte zunächst in Cornwall, kehrte dann nach Devon zurück, wo John erst das Plympton Gymnasium, dann Blundell's Schule in Tiverton besuchte. Hier freundete er sich mit Robert Bovey an, einem Mitschüler, der ebenso die Jagd liebte wie er selbst. Zusammen hielten sie eine Foxhoundmeute. Deren Erfolg war der Anfang vom Ende: Ihr Ruf breitete sich aus und blieb auch ihrem Direktor nicht verborgen, der Robert der Schule verwies, für Russell setzte es eine gehörige Tracht Prügel. Russells Jagdleidenschaft tat das keinen Abbruch; sie ließ während seiner gesamten Studienzeit nie nach. 1814 bekam er ein Stipendium für das College in Exeter, wo sein Studium ihn in keiner Weise von seiner Vorliebe fürs Boxen, Ringen und Jagen abhielt.

»Trump«

Im letzten Jahr an der Universität kam es zu einer Zufallsbegegnung, die die Geschichte der Kynologie nachhaltig verändern sollte. Auf einem Spaziergang in Oxford suchte Russell nach einem schönen Plätzchen, um sich den klassischen Schriften von Horaz zu widmen.

Sein Biograph, der Pfarrer E.W.L. Davies, erzählt: »...er sah einen Milchmann mit einem

Terrier, wie es ihn bisher nur in seinen Träumen gegeben hatte; er erstarrte auf der Stelle so, wie es Actaeon getan haben könnte, als er Diana erblickte, wie sie sich im Bad vergnügte; aber anders als jener unglückliche Jäger rührte er sich nicht von der Stelle, bis er sich das Objekt seiner Begierde gesichert hatte. Diese Hündin mit Namen Trump wurde die Stammmutter der berühmten Terrierrasse, die bis heute überall untrennbar mit Russells Namen verbunden ist.«

Russell hielt Trump für den idealen Terrier; er stellte fest, dass »ihre gesamte Erscheinung Mut, Ausdauer und Kühnheit widerspiegelte.« Alle seine späteren Zuchtmaßnahmen waren auf die Erhaltung dieses verbissenen Arbeitstyps ausgerichtet.

Ein Gemälde von Trump von 1820, wenige Monate, nachdem Russell sie erworben hatte, zeigt eine weiße Hündin mit dunkellohfarbenen Flecken über Augen und Ohren und einem Fleck am Rutenansatz. Sie hatte dichtes, drahtiges Haar zum Schutz gegen jedes Wetter. Ihre Läufe beschreibt Davies als »pfeilgerade« und vergleicht ihre Größe mit der einer Füchsin.

Trump war die Stammmutter von Russells Terrierzucht, und obwohl nirgends aufgezeichnet ist, welche Rüden welche Hündinnen deckten, weiß man, dass Russell nicht einfach Rüden aus der Nähe benutzt hat – er nahm für geeignete Zuchtpartner auch weite Reisen in Kauf.

Erst die Arbeit, dann das Vergnügen?

Russells erste Anstellung nach seiner Ordination war die eines Hilfsgeistlichen bei George Nympton in Devon. Er hielt sich eine kleine Jagdmeute für die Otterjagd im Sommer und die Fuchsjagd im Winter, aber als pflichtbewusster Mann der Kirche konnte er nicht so intensiv seinem Hobby nachgehen, wie er es gern getan hätte. Erst als er Penelope Burn aus Swimbridge in Devon heiratete und danach eine weniger anspruchsvolle Stelle in Iddlesleigh angenommen hatte, hatte er mehr Zeit für die Jagd.

Nur einmal kollidierte seine Jagdleidenschaft mit seinen beruflichen Pflichten – als nämlich seinem Bischof zu Ohren kam, dass die Beerdigung eines Kindes verschoben wurde, weil Russell am selben Tag an einer Jagd teilnehmen

Parson Russell Terrier sollten zähe, gebrauchstüchtige Hunde mit viel Ausdauer und Intelligenz sein.

Die Terrier sollten mit den Pferden der Jäger Schritt halten können – auch heute noch haben die Rassen eine besondere Affinität zu Pferden. Foto: Rani MorningStar

wollte! Die Mutter des Kindes verzichtete aber auf eine Klage, und so verlief die Angelegenheit im Sande.

John Russell und seine Frau zogen 1832 nach Swimbridge, wo er für 45 lange Jahre das Amt des Pfarrers bekleidete. Er war seinen Gemeindemitgliedern ebenso ergeben wie sie ihm.

Angeborene Talente

Von Swimbridge verbreitete sich Russells Ruf als Terrierzüchter wie ein Lauffeuer. Seine Hunde zeichneten sich durch Stehvermögen und Intelligenz aus; sie konnten mit den Jagdmeuten in den Moorgebieten mithalten, weil sie dank ihrer Klugheit voraussahen, wo das Beutewild hinrennen würde, und den Weg abkürzten! Man sagte, dass Trump und ihr Nachkomme Tip problemlos 15 bis 20 strapaziöse Meilen mitlaufen konnten.

Russells Terrier sollten zudem über eine gute Lautgebung verfügen, um den Jagdhunden anzuzeigen, wo die Jagdbeute eingeschlieft war. Außerdem gehörten viel Mut und Hartnäckigkeit dazu, die Beute aus ihren Schlupflöchern zu treiben, damit die Hetzjagd weitergehen konnte. Russell verfolgte nie das Ziel, seine Terrier den Fuchs selbst töten zu lassen.

Erste Ausstellungen

1871, mit über 70 Jahren, fiel es Russell immer schwerer, sich um seine Hundemeute zu kümmern, deshalb übergab er diese an Henry Villebois, seines Zeichens Aufseher der West-Norfolk-Jagd. Aber ohne seine geliebten Terrier hielt er es nicht aus, und es kam, was kommen musste: Schon kurze Zeit später war er wieder von einer eigenen, wenn auch kleineren, Meute umgeben. Obwohl er seiner Jagdleidenschaft nicht mehr in dem gleichen Maße frönen konnte wie früher und auch nicht mehr so viele Hunde hielt, war sein Interesse ungebrochen: 1873 schließlich wurde er Gründungsmitglied des britischen Kennel Clubs und auf dessen erster geschützter Ausstellung richtete er die Terrier!

Russell stellte seine eigenen Hunde nie aus; er hielt die Kluft zwischen Gebrauchs- und Ausstellungshunden einfach zu groß – ähnlich dem Unterschied zwischen einer Wildblume und einer Edelrose. Damit lag er nicht falsch, denn der Fox Terrier, den Russell kannte und liebte, machte später bekanntlich auf Ausstellungen eine ziemliche Verwandlung durch: Die Köpfe wurden länger und schmaler, im Ring bevorzugte man glattes Haar; die Schulter wurde steiler, während die Brust breiter wurde. Viele Jagdliebhaber fürchteten, dass damit die körperlichen Voraussetzungen für die Bauarbeit unwiederbringlich verloren waren. Sie hielten deshalb am alten Typ fest, der mit dem Fox Terrier unserer Tage nicht zu vergleichen ist.

Abschied von Swimbridge

Penelope starb 1875 nach 50 Ehejahren. Bald danach geriet Russell in finanzielle Schwierigkeiten. Lord Poltimore, sein Jagdgefährte, der Russells Hingabe an die Kirche bewunderte, brachte ihm die Lösung seiner Probleme: Er bot ihm eine Pfründe in Black Torrington in Devon, mit der ein viel höheres Einkommen verbunden war. Es bedeutete aber auch, dass Russell Exmoor, das ihm ans Herz gewachsen war, würde verlassen müssen. Eine ungemein schwierige Entscheidung, aber schließlich fügte er sich und zog 1879 doch um. Ein weiterer Schicksalsschlag traf ihn, als kurz nach dem Umzug seine Stallungen in Brand gerieten und im Feuer alle Pferde und die eingesperrten Hunde umkamen.

1883 starb John Russell. Seine verbliebenen Hunde kamen vermutlich zu Freunden und Jagdgefährten. Was mit seinen Zuchthunden danach geschah, ist nirgends dokumentiert.

Die Entwicklung der Rasse

Wenn John Russell als Vater der Rasse genannt wird, ist Arthur Heinemann ihr Onkel – er gab sich nämlich die größte Mühe, die Rasse nach Russells Tod am Leben zu halten.

Heinemann war Sekretär des Parson Jack Russell Clubs, gegründet 1894 mit dem Ziel, die Zukunft dieses Arbeitsterriers zu sichern, als der Ausstellungsboom den Fox Terrier so dramatisch zu verändern begann. Er sollte »die Zucht jenes alten, in North Devon heimischen Typs von Fox Terriern fördern, die durch den Rev. J. Russell berühmt geworden waren«.

Heinemann war auch Zuchtrichter; er richtete auf Crufts 1909 die Klasse der Arbeits-Fox Terrier, die zur Förderung von Russells ursprünglicher Rasse ausgeschrieben war.

Nach dem Tod des Reverend nahmen sich andere der Rasse an und sicherten deren Überleben.

Für sein Zuchtprogramm erwarb Heinemann so viele direkte Nachkommen von Russells Hunden wie möglich. Er stellte einen Rassestandard auf, an dem sich auch andere Züchter orientieren sollten. Leider brachte es Heinemanns Leidenschaft für das Ausgraben von Dachsen mit sich, dass seine Zuchtlinie nicht ganz rein blieb!

Im Gegensatz zur Hetzjagd auf Dachse erforderte das Ausgraben einen Terrier, der den Dachs in seinem Bau aufspürte, so dass Hundeführer ihn ausgraben, in einer Tasche wiegen und danach wieder freilassen konnte. Für diesen Sport musste der Terrier besonders kräftig und zäh sein und man vermutet, dass Heinemann für diesen Zweck Bull Terrier eingekreuzt hat – die in manchen Linien auffällig breiten Köpfe sprechen dafür!

Der niederläufige Jack Russell Terrier.

Aufstieg und Fall

Im Zweiten Weltkrieg erlitt die Rasse große Verluste, wie so viele andere Rassen auch, und schließlich löste sich der Parson Jack Russell Terrier Club auf. Die Nachkriegsjahre waren vom Aufkommen der kurzbeinigen Jack Russell Terrier geprägt, die sich auch großer Beliebtheit als Haus- und Familienhunde erfreuten, jedoch mit den ursprünglichen Parson Terriern nicht viel gemein hatten. Man kreuzte die Letztgenannten munter mit anderen Rassen: Chihuahuas, Yorkshire Terriern, sogar mit Corgies, aber auch mit Lakeland, Fox und Staffordshire Bull Terriern, um niederläufige Terrier zu erhalten. Ohne die offizielle Anerkennung des Kennel Clubs gab es eben keinerlei Kontrolle des Zuchtgeschehens – den Züchtern waren keine Grenzen gesetzt!

Aber auch der Parson Jack Russell Terrier wurde weiterhin gezüchtet, vornehmlich von Rasseenthusiasten in Devon. 1983 wurde der Parson Jack Russell Terrier Club wieder ins Leben gerufen, weil man sich um die Zukunft der Rasse zu sorgen begann. Die Gefahr drohte diesmal nicht vom Ausstellungs-Fox, sondern von der steigenden Beliebtheit der kurzläufigen Varietät.

Der Parson Jack Russell Terrier wurde 1990 endlich vom britischen Kennel Club anerkannt; auf Grund der ständigen Verwechslung der Rasse mit den anderen Jack Russell Terrier-Typen fiel 1999 das »Jack« im Rassenamen weg.

Heute heißt die Rasse weltweit Parson Russell Terrier, wobei der Standard auf dem basiert, den Heinemann seinerzeit für den Fox Terrier aufgestellt hatte.

Es kann angesichts der vielen unterschiedlichen Rassen, die zur Erlangung der niederläufigen Hunde eingekreuzt wurden, nicht verwundern, dass diese sehr unterschiedlich im Typ waren. Man traf sie auf Bauernhöfen und in Stallungen in der Umgebung von Pferdeleuten an. Mit Reitern und Pferdekäufern gelangten sie auch in andere Teile der Welt. Es waren interessanterweise Züchter in Australien, die sich dieser niederläufigen Varietät annahmen, die in ihrem Ursprungsland nach wie vor keine Anerkennung gefunden hat. In diesem Erdteil begann schon 1972 mit der Gründung eines Rassespezialclubs die planmäßige Zucht dieser attraktiven Terrier, und die Registrierungen stiegen schnell in ungeahnte Höhen. Der australische Kennel Club erkannte die Rasse, die sehr einheitlich im Typ geworden war, 1991 an, und im Jahr 2000 stellte Irland schließlich mit Erfolg bei der FCI den Antrag auf internationale Anerkennung – unter dem Namen, den John Russells Hunde in den Anfängen trugen: Jack Russell Terrier.

Ob Parson oder Jack

– beide Russell Terrier sind sich in ihrer Persönlichkeit sehr ähnlich. Kein Wunder, dass beide Rassen heute so populär sind: kleine, zähe, robuste Charaktere, die durch nichts klein zu kriegen sind. Während ihr jagdlicher Einsatz auf Grund der veränderten Jagdmethoden stark

Heute gehören die Russell Terrier zu den beliebtesten Familienhunden; am liebsten sind sie überall dabei! Foto: Debbie Harrison

zurückgegangen ist, haben sie sich einen festen Platz in Haus und Familie erobert. Dennoch bewähren sich auch heute noch einige dieser Hunde tatsächlich in der Jagdpraxis – und zwar vorzüglich!

Parson Russell und Jack Russell Terrier gehören weltweit zu den beliebtesten Rassen, und es ist klar, warum: Es sind große Hunde in kleinem Rahmen, die ihr Leben in vollen Zügen genießen. Sie haben eine handliche Größe, stecken voller Energie und haben den Schalk im Nacken. Ihre Besitzer müssen dieser Herausforderung gewachsen sein – sie müssen mit ihrem grenzenlosen Einfallsreichtum und ihrer Riesenpersönlichkeit zurechtkommen.

Telepathie!

Mancher Besitzer eines Russells hat feststellen dürfen, dass dieser Hund übersinnliche Fähigkeiten hat. Infolge seiner innigen Bindung an seinen Herrn kann er sich bestens in dessen Gemütszustand einfühlen – er spielt den Clown, wenn sein geliebter Mensch Aufheiterung braucht, oder zeigt sich sanft und zärtlich, wenn Kuscheln angesagt ist. Das ist aber beileibe nicht alles! Dies sind wahre Geschichten, erzählt von Russell-Besitzern:

Das große Einfühlungsvermögen dieser Terrier lässt manchen Russell-Besitzer glauben, sein Hund habe übersinnliche Fähigkeiten.

Schmerz-therapie

»Als Milo zu mir kam, war ich beeindruckt von der engen Bindung, die sich sofort zwischen uns entwickelte. Milo wich nicht von meiner Seite, er passte sich völlig meinen Bewegungen und meinen Gefühlen an. Es begann damit, dass er immer öfter schon auf meine Gedanken reagierte – ohne dass ein Wort gefallen war! Wenn ich zum Beispiel dachte: »Heute ist sein Bad fällig!«, war er von diesem Moment an nicht aufzufinden – er hatte sich garantiert unter dem Sofa versteckt. Wenn ich selbst bade, liegt er dagegen zufrieden neben der Wanne auf meinen Kleidern. Er weiß im Voraus, wann das Bad für ihn ist, obwohl ich nichts vorher tue, was darauf hindeuten könnte.

Das jüngste Ereignis – und ich werde es nie vergessen! – trug sich dieses Jahr zu. Milo zeigt seine Gefühle nicht besonders, er begrüßt mich zwar freudig, wenn ich nach Hause komme, legt sich dann aber ruhig auf meinen Schoß, den Kopf abgewandt. Das ist seine Art, Nähe zu zeigen!

Dieses Jahr bin ich am Rücken operiert worden, mir ging es nicht besonders. Ich ließ mir in einem Schmerzzentrum Spritzen geben, aber das machte alles nur noch schlimmer. Ich lag auf dem Bett und weinte vor Schmerz – da fühlte ich plötzlich eine Bewegung. Ich sah mich um und er-

blickte Milo, der langsam auf mich zu krabbelte. Er legte sich sanft auf meine Brust, die Vorderläufe unter dem Körper, platzierte seinen Kopf auf meinem Gesicht und leckte meine Tränen ab! Er drückte seinen Kopf gegen mein Gesicht, als ob er mich umarmen wollte. Trotz der Schmerzen musste ich lachen! So etwas hatte er vorher noch nie getan, und ich war sehr gerührt.«
Teresa York, Texas

Diabetes-Alarm!

»Mein Mann war zuckerkrank, und unser Hund Tess konnte voraussagen, wann er ein akutes Problem bekam. Manchmal ging sie zu ihm, wenn er gerade vor dem Fernseher saß, bellte ihn an oder stupste ihn mit der Nase. Sie versuchte alles, um ihn in die Küche zu bekommen – sie wusste einfach, dass er etwas essen musste!

Eines Tages lief sie aus heiterem Himmel zur Tür und jaulte, als ob sich jemand dem Haus näherte. Kurz darauf betrat mein Mann das Haus – völlig unerwartet. Ein Arbeitskollege hatte ihn nach Hause gefahren, weil er sich nicht wohl fühlte.«
Laurel Pierson, Oregon

Erdbebenwarnung

»Es ist schon etliche Male vorgekommen, dass sich unsere Hündin Hanna einige Tage lang ungewöhnlich nervös und gereizt verhielt, um dann von einem Moment zum anderen wieder zu ihrer gewohnt ausgeglichenen Gemütsverfassung zurückzukehren. Es dauerte einige Zeit, bis wir herausgefunden hatten, was los war: Jeder ihrer nervösen Perioden folgte ein oder zwei Tage später ein Erdbeben!«
Paul Gerris, Kalifornien

Anruf zu Hause

»Unsere Hündin Scat hatte sich meinem Mann besonders eng angeschlossen und ahnte voraus, wann er anrufen würde! Wenn mein Mann gelegentlich auf Dienstreise musste, kam es nicht selten vor, dass Scat aus dem Zimmer, in dem sie sich gerade befand, zum Telefon rannte, sich daneben hinlegte und auf das Klingeln wartete. Sie war sich völlig sicher, dass es klingeln würde, und dass es mein Mann war – sie hatte recht!«
Janet Copeland, Kalifornien

Der sechste Sinn

»Ich erinnere mich, dass meine Hündin Jackie meinen Vater drei Tage vor dessen Tod nicht mehr erkannte, obwohl sie ihn heiß und innig liebte und ihm normalerweise stundenlang die Hand leckte. Also, kurz vor dem Tod meines Vaters (er hatte schon mehrere Tage nichts gegessen) holte ich ihn zu uns nach Hause in der Hoffnung, er würde mit uns zu Abend essen. Ich wollte mit ihm reden, aber Jackie ließ mich nicht zu Wort kommen: Sie knurrte und lief vor und zurück und wollte, dass dieser »Fremde« ging! Wir glauben, dass sie spürte, dass mein Vater schon dabei war, uns zu verlassen. Es war sehr traurig, als er starb. Ich war bis zuletzt bei ihm, und als ich in jener Nacht nach Hause kam, wich Jackie nicht von meiner Seite. Es war fast so, als ob sie mit mir zusammen trauerte!«
Dianna Eaton, Washington

Kapitel 2

Der Welpe

Alle Welpen sind niedlich, ein Russell Welpe aber ist einfach umwerfend! Er ist frech und verspielt, und es spricht einiges dafür, dass Sie einen beträchtlichen Teil seiner Welpenzeit damit verbringen, über seine Späße zu lachen. Manchmal ist er aber auch zum Haareraufen! Unsere nachfolgenden Hinweise sollen Ihnen helfen, die kritische Zeit schadlos zu überstehen – die angenehmen Phasen und die weniger angenehmen.

Der richtige Weg zum Wunschhund

Der Hundekauf muss grundsätzlich wohlüberlegt sein. Beantworten Sie sich selbst ehrlich folgende Fragen:

- Kann ich mir finanziell einen Hund leisten?
- Passt ein Hund in mein Leben?
- Ist es mit meinem Beruf zu vereinbaren?
- Habe ich genug Zeit, ihm regelmäßig Auslauf, Bewegung und die nötige Pflege zukommen zu lassen?
- Bin ich dazu bereit, viel Zeit in seine Erziehung und sein Training zu investieren?
- Machen mir Hundehaare und schmutzige Pfoten in Haus und Auto nichts aus?
- Bin ich bereit, mich 14 oder mehr Jahre um einen Hund zu kümmern?
- Sind Haus und Garten hundegeeignet?

Wenn wirklich nichts gegen die Anschaffung eines Welpen spricht, müssen Sie sich darüber klar werden, was für einen Hund Sie möchten. Soll er den ganzen Tag über ruhig auf Ihrem Schoß sitzen? Dann sind Parson und Jack Russell alles andere als geeignet. Sie sind aktiv und voller Energie; sie brauchen Menschen mit Führungsqualitäten, die ihnen zeigen, wo's lang geht, und ihnen viel Beschäftigung bieten.

Vorsicht!

Wenn nun auch klar ist, dass Sie die Bedürfnisse dieses Terriers erfüllen können, müssen Sie einen verantwortungsvollen Züchter finden. Der Parson und Jack Russell gehören zu den belieb-

ten Rassen, und das machen sich viele Massenzüchter zunutze, die ihre Hunde aus Profitgier ohne Rücksicht auf Verluste ausbeuten. Solche Welpen sind meist kränklich und oft verhaltensgestört. Zuchtplanung gibt es nicht, folglich sind Erbkrankheiten vorprogrammiert.

Um das Risiko teurer Behandlungen beim Tierarzt oder Verhaltenstherapeuten zu minimieren – von dem späteren Herzeleid ganz abgesehen! – sollten Sie Ihren Züchter genau unter die Lupe nehmen. Einem seriösen Züchter macht es nichts aus, ausgefragt zu werden – vermutlich tut er das Gleiche auch mit Ihnen! Ein guter Züchter steht auch nach dem Kauf stets für Rat und Hilfe zur Verfügung, vielleicht nimmt er den Hund im echten Notfall auch noch nach Jahren zurück.

Der Wurf sollte in engem Familienanschluss möglichst im Haus großgezogen werden, damit die Welpen von Anfang an normalen Haushaltslärm kennen und gut an Menschen gewöhnt sind.

Bestehen Sie darauf, die Mutter zu sehen – sie muss gesund sein und ein liebenswürdiges Verhalten haben. Fragen Sie auch nach der Abstammung und erblich bedingten Problemen, die in der betreffenden Zuchtlinie vorkommen könnten (siehe Kapitel 9, Gesundheit).

Die Auswahl des Welpen

Haben Sie einen vertrauenerweckenden Züchter gefunden, richten Sie Ihre Überlegungen auf die Welpen. Sehen Sie sich die Kleinen zunächst nicht an – die Gefahr ist zu groß, dass Sie Ihr Herz sprechen lassen und der Verstand keine Chance hat. Wollen Sie einen Einzelhund, ist es eigentlich gleichgültig, ob Sie einen Rüden oder eine Hündin nehmen – beide sind anhängliche, treue Familienhunde. Hündinnen sind in der Regel etwas kleiner und zierlicher als Rüden, zudem werden sie läufig, sofern Sie sich nicht zur Kastration entschließen (siehe S. 55). Das Geschlecht wird erst dann interessant, wenn Sie zwei Hunde haben (siehe S. 59). Überlegen Sie auch, ob Sie einen glatthaarigen Russell Terrier bevorzugen, der wenig Haarpflege braucht, oder einen rauhaarigen, der regelmäßig getrimmt werden muss (siehe S. 65).

Der letzte – entscheidende – Schritt ist die Wahl des Welpen selbst. Natürlich muss der Kleine sauber und gesund sein, seine Augen klar, sein Haar dicht und glänzend.

Achten Sie aber auch darauf, dass die Wesensart des Welpen zu Ihren persönlichen Gegebenheiten passt!

Ein dominant veranlagter Welpe tanzt dem Hundeneuling, der nichts über den Umgang mit Russells weiß, auf der Nase herum. Wenn Sie ihn verwöhnen und ihm nicht konsequent Disziplin beibringen, gibt's Probleme! Solche Welpen sind bei erfahrenen Hundeleuten mit viel Zeit fürs Training besser aufgehoben. Sie brauchen jede Menge Anregung und sind oft besonders erfolgreich bei Obedience, einem Hundesport, bei dem sie eine enge Beziehung und einen gesunden Respekt für ihren Herrn entwickeln müssen. Unerfahrene Rasselaien werden mit einem Welpen glücklicher, der sich gern unterordnet und die Familienhierarchie nicht in Frage stellt.

VERHALTENSTEST FÜR WELPEN

Die amerikanische Verhaltenstherapeutin Wendy Volhard hat einen Verhaltenstest entwickelt, der Aufschluss über die Wesensart eines Welpen geben kann.

Der Test kann bei acht Wochen alten Welpen aller Rassen angewandt werden, erweist sich aber bei Rassen mit dem Selbstbewusstsein eines Russell Terriers als besonders aufschlussreich.

Wie sagt doch die amerikanische Züchterin Mary Strom? »Russells sind Opportunisten. Ihr Leben muss an festen Regeln orientiert sein. Wenn ihnen ihr Besitzer nicht zeigt, wo sie im Familienrudel stehen – nämlich ganz unten! –, übernehmen sie im Handumdrehen das Kommando im Haus.«

1. ÜBUNG

Setzen Sie den Welpen in den Testbereich. Aus ca. 1 m Entfernung versucht die niederknieende Testperson, den Welpen durch sanftes Händeklatschen von der Stelle, an der er den Testbereich betreten hat, weg zu sich zu locken.
(Gibt Aufschluss über Aufgeschlossenheit, Selbstvertrauen oder Unsicherheit.)

Bewertung:

Kommt bereitwillig, Rute erhoben, springt hoch, beißt in die Hände	1
Kommt bereitwillig, Rute erhoben, stupst mit der Pfote, leckt die Hände	2
Kommt bereitwillig, Rute erhoben	3
Kommt bereitwillig mit eingeklemmter Rute	4
Kommt zögernd mit eingeklemmter Rute	5
Kommt nicht	6

2. ÜBUNG

Stehen Sie auf und entfernen Sie sich in normalem Schritt von dem Welpen, wobei dieser Sie weggehen sehen muss.
(Hinweis auf die Bereitschaft zur Anpassung. Folgt Ihnen der Welpe gar nicht, deutet dies auf ausgeprägte Unabhängigkeit hin.)

Bewertung:

Folgt bereitwillig, Rute erhoben, läuft um die Füße, beißt hinein	1
Folgt bereitwillig, Rute erhoben, läuft um die Füße	2
Folgt bereitwillig, Rute erhoben	3
Folgt bereitwillig, Rute eingeklemmt	4
Folgt zögernd, Rute eingeklemmt	5
Folgt nicht oder läuft weg	6

3. ÜBUNG

Hocken Sie sich hin und drehen Sie den Welpen vorsichtig auf den Rücken, halten Sie ihn mit sanfter Hand 30 Sekunden in dieser Lage fest.

(Zeigt die Tendenz zu Dominanz oder Unterwürfigkeit und den Umgang mit durch soziale oder körperliche Überlegenheit bedingten Stress.)

Bewertung:

Wehrt sich heftig, schlägt mit den Pfoten, beißt	1
Wehrt sich heftig, schlägt mit den Pfoten	2
Fügt sich zunächst, wehrt sich dann, fügt sich bei Blickkontakt	3
Wehrt sich, beruhigt sich dann	4
Wehrt sich nicht	5
Wehrt sich nicht, weicht dem Blickkontakt aus	6

4. ÜBUNG

Streicheln Sie den Welpen sanft über Kopf und Rücken, während er steht und Sie neben ihm hocken. Streicheln Sie ihn so lange, bis er ein eindeutig erkennbares Verhalten zeigt.

(Gibt Aufschluss über die Bereitschaft, soziale Überlegenheit zu akzeptieren. Der Welpe kann versuchen, durch Hochspringen und Zwicken die dominierende Position zu gewinnen, oder zeigt seine Unabhängigkeit und läuft weg.)

Bewertung:

Springt hoch, schlägt mit der Pfote, beißt, knurrt	1
Springt hoch, schlägt mit der Pfote	2
Schmiegt sich an die Testperson, versucht, deren Gesicht zu lecken	3
Windet sich, leckt die Hände	4
Rollt sich auf den Rücken, leckt die Hände	5
Läuft weg und bleibt dort	6

5. ÜBUNG

Beugen Sie sich über den Welpen, fassen Sie ihn mit verschränkten Fingern unter dem Bauch und heben Sie ihn hoch. Halten Sie ihn so in geringer Höhe 30 Sekunden lang.

(Gibt Aufschluss über seine Bereitschaft, sich in hilfloser Lage zu fügen.)

Bewertung:

Wehrt sich heftig, beißt, knurrt	1
Wehrt sich heftig	2
Wehrt sich nicht, ist entspannt	3
Wehrt sich, beruhigt sich, leckt die Hand	4
Wehrt sich nicht, leckt die Hände	5
Wehrt sich nicht, versteift	6

Schon acht Wochen alte Welpen sind kleine Persönlichkeiten. Wählen Sie den Welpen, der am besten in Ihr Leben passt!

Testauswertung

Überwiegend »1«

Ein Welpe, der im Verhaltenstest fast ausschließlich mit 1 bewertet wird, ist äußerst dominant bis aggressiv und kann schnell zubeißen; er lehnt sich gegen die Überlegenheit seines Rudelführers auf. Solche Welpen brauchen einen sehr erfahrenen Herrn, sie sind am besten dort aufgehoben, wo sie arbeiten können; sie eignen sich kaum als Nur-Haushunde.

Überwiegend »2«

Ein dominanter, selbstsicherer Welpe, der zwar zum Beißen provoziert werden kann, sich aber bereitwillig einer festen, konsequenten und hundeerfahrenen Hand fügt. Er ist nichts für zögernde, unentschlossene Charaktere! In den richtigen Händen kann er zum guten Gebrauchs- oder Ausstellungshund werden und passt durchaus in einen Erwachsenenhaushalt.

Überwiegend »3«

Ein zutraulicher, freundlicher Welpe, der gut in eine Umgebung passt, in der er regelmäßiges Training und viel Bewegung bekommt. Er ist flexibel und passt sich den unterschiedlichsten Verhältnissen an, vorausgesetzt, man behandelt ihn richtig. Er könnte für eine Familie mit Kleinkindern oder ältere Menschen mit ruhigem Lebensstil eine Überforderung darstellen.

Überwiegend »4«

Dieser Welpe ist leicht zu kontrollieren und anpassungsfähig; er unterwirft sich gern und wartet geradezu auf die Führung durch seinen Herrn. Er ist leicht zu erziehen, vertrauenswürdig mit Kindern und, obwohl es ihm an Selbstvertrauen mangelt, ein hochqualifizierter Familienhund. In der Regel ist ein solcher Welpe weniger kontaktfreudig als ein »3«er-Welpe, aber er ist überaus sanft und zärtlich.

Überwiegend »5«

Dieser Welpe ist äußerst unterwürfig und hat kein Selbstvertrauen. Er schließt sich seinem Herrn sehr eng an und braucht regelmäßig dessen Nähe und Aufmunterung, um aus sich herauszugehen. Bei falscher Behandlung wird ein solcher Welpe scheu und ängstlich, deshalb ist ein geregelter, überschaubarer Lebensstil bei geduldigen Menschen, die ihn nicht überfordern (wie z.B. ein älteres Ehepaar), genau das Richtige für ihn.

Überwiegend »6«

Ein solcher Welpe ist unabhängig und interessiert sich wenig für Menschen. Er wird als erwachsener Hund seine Zuneigung kaum zeigen und braucht nur wenig menschliche Gesellschaft. Solche Welpen sind in der Regel kaum zu sozialisieren; es gibt aber Rassen, die für spezielle Aufgaben gezüchtet wurden und bei der Arbeit völlig auf sich gestellt sind (z.B. Basenjis, Spürhunde und einige nordische Rassen). Um ihre Aufgabe erfüllen zu können, müssen diese Hunde Einzelgänger sein, eine Abhängigkeit von ihren Herrn wäre da eher kontraproduktiv.

Der für die meisten Hundebesitzer ideale Begleithund hat ein Testergebnis von 3 bis 4. Welpen mit dem Ergebnis 1 und 2 benötigen erfahrene Führer, die ihre Qualitäten in die richtigen Bahnen lenken können.

Auf nach Hause!

Haben Sie Ihren Welpen ausgesucht und die Wartezeit bis zur Übernahme gut überstanden, können Sie es kaum erwarten, das neue Familienmitglied nach Hause zu holen. Bereiten Sie diese Reise gut vor, damit sie so angenehm wie möglich für den Kleinen wird. Russells haben bekanntermaßen ein Elefantengedächtnis! Wenn der erste Eindruck des Welpen ein schlechter ist, kostet es mit Sicherheit einige Zeit und Mühe, bis er sein Vertrauen wiedergewonnen hat.

Am besten holen Sie den Kleinen mit einem hundeliebenden Begleiter ab. Ideal wäre es, wenn dieser Sie fahren könnte, damit Sie sich auf der Heimfahrt voll und ganz dem Welpen widmen können. Legen Sie ein altes Handtuch auf Ihren Schoß, damit auch das kleinste Missgeschick keinen Schaden anrichten kann. Machen Sie sich keine Sorgen, wenn Ihrem Welpen schlecht wird; das ist völlig normal, wenn er das Autofahren noch nicht kennt (siehe S. 37). Natürlich ist es besser, wenn ihm gar nicht erst übel wird, damit er keine Angst vorm Autofahren zurückbehält. Hierfür können Sie einiges tun: Achten Sie darauf, dass der Welpe einen

Der ideale Familienhund hat in der Regel ein Testergebnis von 3 bis 4.

Das lange Warten hat ein Ende – der Kleine zieht ein! Foto: Rani MorningStar

leeren Magen hat und während der Fahrt möglichst nicht aus dem Fenster sehen kann (das begünstigt Übelkeit). In jedem Fall darf es nicht zu heiß im Auto werden. Nehmen Sie für den Notfall Wasser und einen Trinknapf mit!

Die Eingewöhnung

Vermutlich können Sie sich kaum davon zurückhalten, ihn immer wieder zu herzen und zu küssen, wo er nun endlich da ist. Das ist verständlich, aber bitte: Überfordern Sie ihn nicht! Welpen brauchen viel Schlaf, und nach der Trennung von Mutter und Geschwistern und den Strapazen der Autofahrt hat er mit Sicherheit erst einmal die Nase voll – er muss zur Ruhe kommen.

Wenn er die ganze Familie kennen gelernt hat und sich seine Aufregung gelegt hat, die so viel Neues nun mal mit sich bringt, bringen Sie ihn in den Garten, damit er sich lösen kann (vielleicht haben Sie Glück!). Geben Sie ihm danach etwas zu fressen!

Machen Sie eine Hundebox zu einer kuscheligen Höhle (siehe S. 37), die Sie an einen ruhigen Platz – vielleicht in der Küche – stellen, und setzen Sie ihn mit einer weichen Unterlage und etwas Kauspielzeug hinein. Im günstigsten Fall konnte er sich schon beim Züchter an die Decke gewöhnen, und er fühlt sich nicht so fremd darauf, weil sie nach Mutter und Geschwistern riecht.

Die erste Nacht

Sie kann ziemlich schwierig sein – seien Sie darauf gefasst! Ihr Kleiner ist zum ersten Mal von seinen Geschwistern und der Mutter getrennt, er vermisst ihre Nähe und ihre Körperwärme schrecklich.

Bringen Sie ihn nach draußen, damit er sein Geschäft verrichten kann, dann setzen Sie ihn in seine Box – nicht zuletzt zu seinem eigenen Schutz, damit er z.B. keine Elektroleitungen annagen kann. Ein leise spielendes Radio erweist sich manchmal als hilfreich, manche Züchter empfehlen zur Beruhigung auch eine tickende Uhr, die den Welpen an den Herzschlag seiner Mutter erinnert.

Vermutlich fängt der Welpe an zu winseln, sobald er allein ist. Was tun? Manche Experten raten dazu, das Winseln zu ignorieren, um dem Welpen nicht das Gefühl zu geben, es habe zum

Lassen Sie den Welpen in Ruhe Haus und Garten erkunden. Foto: Rani MorningStar

Alles ist neu und verwirrend!

Die erste Nacht ohne Mutter und Geschwister ist meist nicht leicht.

Erfolg geführt. Andere halten es für grausam, den Welpen in seiner Verzweiflung allein zu lassen. Sie glauben, dass tröstende Worte ihn beruhigen können und überdies der beste Weg zum Vertrauensaufbau sind. Finden Sie selbst heraus, was für Ihren Kleinen angebracht ist!

Entscheiden Sie auf jeden Fall schon vorher, ob Sie ihn im Bett haben möchten! Es ist eine große Versuchung, vor allem, wenn Sie sich nach Schlaf sehnen. Haben Sie einmal nachgegeben, vergisst er das nie und will immer hinein. Haben Sie ein besonders dominantes Exemplar, könnte er es missverstehen und die Gelegenheit beim Schopf ergreifen. Das Bett seines Rudelführers zu teilen gibt ihm das Gefühl einer Wichtigkeit, die er nicht haben sollte. Rangordnungsprobleme sind nicht auszuschließen.

Meldet sich Ihr Kleiner frühmorgens, »muss« er vermutlich, und dann sollten Sie ihn so schnell wie möglich nach draußen bringen. Kein Welpe will seinen Schlafplatz verunreinigen, und Ihr schnelles Handeln trägt zweifellos zu seiner Stubenreinheit bei (siehe S. 35).

Essen und Trinken ...

Spätestens bei der Abholung des Welpen erhalten Sie vom Züchter einen Futterplan und in der Regel auch etwas Futter. Halten Sie sich unbedingt an diesen Plan! Jede Futterumstellung muss ganz allmählich vor sich gehen. Welpen reagieren auf jeden Wechsel sehr leicht mit Verdauungsproblemen, deshalb geben Sie sicherheitshalber zunächst das, was er gewohnt ist, in der vom Züchter empfohlenen Menge. Bei der Umstellung mischen Sie zunächst nur ganz wenig neues Futter unter das bisherige. Steigern Sie den Anteil bei gleichbleibender Gesamtmenge über mehrere Tage, bis der Wechsel komplett vollzogen ist.

Füttern Sie in der ersten Zeit nur das, was er schon kennt.

Welpen haben während des Wachstums einen hohen Energiebedarf und brauchen mehrere Mahlzeiten am Tag – üblicherweise vier über den Tag verteilt. Mit der Zeit reduziert sich die Anzahl, wobei die Futtermenge sich jeweils erhöht (halten Sie sich an die Empfehlungen des Züchters, oder besser: Finden Sie durch genaue Beobachtung heraus, was Ihr Hund braucht – denn kein Hund ist wie der andere). Im Alter von vier Monaten sind in der Regel drei Mahlzeiten ausreichend, mit sechs sind zwei genug.

Wenn Sie eine trockene Welpen-Vollnahrung geben (der Markt hat ein reichhaltiges Angebot), können Sie diese in warmem Wasser oder in Welpenmilch einweichen – zum Füttern muss es aber auf Raumtemperatur abgekühlt sein.

Ein weicher Stuhl kann auch auf Überfütterung hindeuten, passen Sie die Futtermenge entsprechend an.

Wenn aber der Welpe Durchfall hat, erbricht oder gar nicht fressen will, sollten Sie besser den Tierarzt um Rat fragen.

Kapitel 3

Früh-erziehung

Sobald Ihr Russell sich in seinem neuen Heim eingelebt hat, muss seine Erziehung beginnen – je eher, desto besser. Wichtige Voraussetzung hierfür ist, dass alle Mitglieder der Familie an einem Strang ziehen. Nur dann lernt er ein für alle Mal, was er zu tun und zu lassen hat.

Mit Kindern auskommen

Terriern wird im Allgemeinen kein besonders gutes Auskommen mit Kindern nachgesagt, für Russells trifft das aber nur bedingt zu. Zwar hat ihre Geduld Grenzen, und sie sind kaum gewillt, sich von Kindern alles gefallen zu lassen – mancher Hund könnte sich auch mit den Zähnen wehren! –, haben Sie aber einen Welpen aus verantwortungsbewusster Zucht nicht nur auf Schönheit, sondern auch auf gute Charaktereigenschaften, ist die Wahrscheinlichkeit, dass es Probleme gibt, auch bei diesen Rassen drastisch verringert. Eine verantwortungsvolle Zucht ist zwar die Grundlage, aber eine sorgfältige Sozialisierung ist ebenfalls wichtig. Auch ein Welpe aus Elterntieren mit einwandfreiem Charakter und bester Aufzucht kann durch die Gegenwart von Kindern eingeschüchtert sein, wenn er nicht an sie gewöhnt ist. Der Schlüssel: Der Welpe muss so früh wie möglich lernen, dass Kinder dazugehören. Ideal ist es natürlich, wenn Ihr Züchter selbst Kinder hat – dann kennt er sie von Geburt an.

In allen anderen Fällen muss die Sozialisierung Ihres Kleinen beginnen, sobald er bei Ihnen ankommt. Auch wenn Sie selbst keine kleinen Kinder haben, ist es Ihre Pflicht, ihn damit bekannt zu machen. Sie könnten eine Familie gründen, Enkelkinder haben, oder vielleicht kommen die Nachbarskinder zu Besuch. Selbst wenn Sie fest entschlossen sind, ein Leben ohne Kinder zu führen, solange Ihr Russell lebt: Er muss an Kinder gewöhnt werden, denn schließlich laufen sie ihm beim Spazierengehen tagtäglich über den Weg. Ein Hund, der Kinder nicht kennt, neigt dazu, Angst vor ihnen zu haben, was im Extremfall zum Angstbeißen führt – getreu dem Motto: Angriff ist die beste Verteidigung. Ein Beispiel: Sie gehen mit Ihrem Russell einen schmalen Weg entlang, ein Kind kommt entgegen und bückt sich in unmittelbarer Nähe nach seinem Spielzeug. Der nicht sozialisierte Hund attackiert, weil er sich bedroht fühlt. Er sieht eine Hand von oben kommen und beißt, um dem möglichen Angriff von Unbekannt zuvorzukommen. Solche Missverständnisse geschehen tagtäglich – wir alle kennen die Schlagzeilen über den Familienhund, der »ohne ersichtlichen Grund« zugeschnappt hat, obwohl er »so etwas noch nie getan hat«. Vorangegangen ist nicht selten ein Verhalten des Kindes, das von den Erwachsenen nicht wahrgenommen, vom Hund aber als bedrohlich empfunden wurde. Wenn Ihr Hund eine panische Angst vor Kindern entwickelt, müssen Sie die Hilfe eines Hundetherapeuten suchen. Das Training ist aber langwierig, und der Erfolg ist nicht garantiert. Vorbeugen ist also besser als Heilen. Zeigen Sie dem Welpen, dass Kinder Spaß bedeuten, damit er sich in ihrer Gesellschaft wohlfühlt, sie zumindest aber respektiert.

»Die ganze Familie muss an der Erziehung beteiligt sein.«

Die Frage der Rangordnung

Ihr Welpe muss erkennen, dass sein Platz in der Rudelordnung ganz unten ist – noch unter dem des kleinsten Kindes. Obwohl eine Person für ihn als »Leithund« fungiert, müssen alle Mitglieder der Familie an seiner Erziehung beteiligt sein, damit er begreift, dass er allen Mitgliedern seines neuen Rudels zu gehorchen hat.

Übung 1

Manche Hunde fühlen sich unsicher, wenn man versucht, sie an Kopf oder Hals anzufassen. Damit Ihr Welpe sich auf die sich nähernde Hand zu freuen lernt anstatt sich ängstlich zu ducken oder gar zu schnappen, trainieren Sie die folgende Übung immer wieder:

- Lassen Sie ihn von allen Familienmitgliedern häufig anfassen, von den Kindern aber nur unter Aufsicht.
- Legen Sie ihm immer wieder einmal für kurze Zeit ein leichtes Halsband um, wenn er ruhig und entspannt ist; bleiben Sie dabei in seiner Nähe. Loben und belohnen Sie ihn jedesmal.
- Hat er sich an das Halsband gewöhnt, nehmen Sie ihn auf den Schoß oder in den Arm und halten Sie ihn für ein paar Sekunden sanft, aber spürbar am Halsband fest. Danach: Lob und Belohnung.
- Halten Sie ihn nach und nach immer länger am Halsband fest. Fühlt er sich aus irgend einem Grund dabei nicht wohl, gehen Sie wieder dazu über, ihn nur für wenige Sekunden festzuhalten.
- Macht ihm das Ganze schließlich nichts mehr aus, greifen Sie von oben über seinen Kopf an das Halsband. Sofort darauf geben Sie ihm mit der anderen Hand eine Belohnung! (Täten Sie dies mit der Hand, die über seinen Kopf gegriffen hat, könnte er beim nächsten Mal in freudiger Erwartung des Leckerchens nach ihr schnappen.)
- Wiederholen Sie die Übung oft, loben und

belohnen Sie ihn, wenn er nicht auf die Hand reagiert. Schnappt er zu, schreien Sie scharf auf (als ob es weh tut) und ignorieren ihn.

Übung 2

Sowohl der dominante als auch der eher unsichere Hund kann sehr besitzergreifend sein, wenn es um sein Spielzeug oder Futter geht. Er denkt, er habe das Recht, sein Eigentum zu verteidigen. Als unterstes Glied in der Rudelordnung muss er aber lernen, dass ihm jeder im Haus seine Sachen wegnehmen darf; dies hat er zu akzeptieren. Natürlich verdient auch ein Hund Respekt, Mutwillen und Willkür verdient er nicht. Dennoch ist es wichtig, dass er auch auf solche Fälle vorbereitet ist. Man kann noch so gut aufpassen, manche Dinge passieren trotzdem (vor allem, wenn kleine Kinder beteiligt sind) – da ist es besser, vorzusorgen, sonst tut es einem später leid.

- Setzen Sie sich neben den Welpen, während er frisst. Dann und wann legen Sie ein Lieblingsleckerchen in seinen Fressnapf (wie wär's mit Hühnchen oder Käse?).
- Tun Sie das immer wieder – schon bald freut er sich über jede Hand, die in seinen Futternapf greift.
- Nehmen Sie den Napf für kurze Zeit weg, während er frisst, tun Sie ein Leckerchen hinein, stellen Sie ihm den Napf wieder hin.
- Nach einigen Wochen lassen Sie von Zeit zu Zeit den Leckerbissen weg, damit er die Hand, die ihm den Napf wegnimmt, nicht

Legen Sie immer wieder Leckerchen aufs Futter, während er frisst – dann kommt er nicht auf die Idee, den Napf zu verteidigen.

mehr unbedingt mit einem Leckerchen assoziiert, es aber nach wie vor als freudige Überraschung erwartet. Loben Sie ihn aber jedesmal, wenn Sie ihm den Napf zurückgeben.

- Die ganze Familie muss dies mit ihm üben, damit er sich sein Futter von allen anstandslos wegnehmen lässt – nicht nur von Ihnen!

Übung 3

Das Lernen des Befehls »Vorsicht!« ist stets nützlich, besonders aber bei Energiebündeln wie den Russells, die in der aufgeregten Erwartung eines Leckerbissens schon einmal – ohne jede böse Absicht – zuschnappen können.

- Zeigen Sie dem Welpen ein Leckerchen, sagen Sie ihm, es mit »Vorsicht« zu nehmen.
- Springt er hoch, schnappt er oder versucht es mit Gewalt, schreien Sie auf und geben es ihm nicht.
- Halten Sie es aber in seiner Sichtweite! Nehmen Sie es ganz weg, versucht er nämlich beim nächsten Mal, es noch schneller zu ergattern.
- Wiederholen Sie das Kommando »Vorsicht!« und geben Sie ihm das begehrte Stück nur, wenn er es Ihnen sanft und vorsichtig aus der Hand nimmt.
- Wiederholen Sie die Übung so oft, bis sie ihm in Fleisch und Blut übergegangen ist. Danach lassen Sie Ihre Kinder das Gleiche mit ihm üben.

Beißhemmung

Eine gesunde Beißhemmung kann man fördern; dies empfiehlt sich sogar bei Hunden, die von Natur aus gern mit Kindern zusammen sind. Russells sind leicht erregbar, und ein lustiges Spiel kann leicht außer Kontrolle geraten, wenn der Hund zu wild spielt und dabei zu beißen versucht. Er muss lernen, dass er nie beißen darf, auch nicht im aufgeregtesten Spiel.

»Die Kinder müssen lernen, dass der Welpe zu respektieren ist.«

Beginnen Sie das Training, sobald er bei Ihnen angekommen ist. Alle Welpen nagen gern, der menschliche Körper muss aber tabu sein – das muss er wissen. Sobald Sie seine Zähne irgendwo spüren, stoßen Sie einen spitzen Schrei aus, als ob es weh tut (bei den nadelspitzen Welpenzähnchen brauchen Sie sich garantiert nicht zu verstellen!). Der Welpe hört sofort auf, wenn er Ihren Schrei hört, und ist erschrocken über die Folgen seines Tuns. Lassen Sie ihn danach für kurze Zeit links liegen, damit er weiß, dass er etwas falsch gemacht hat. Seien Sie konsequent, und lassen Sie alle Familienmitglieder schreien, wenn seine Zähnchen aktiv werden – auch wenn dies äußerst sanft geschieht und keine Schmerzen verursacht.

Hiermit soll nicht erreicht werden, dass Ihr Welpe überhaupt nicht mehr kaut (das wäre völlig unnatürlich), nur Menschen müssen für seine Zähne tabu sein. Geben Sie ihm geeignetes Kauspielzeug, an dem er sich austoben kann – das ist im Übrigen auch gut fürs Mobiliar.

Auch Kinder müssen lernen!

Es gibt einige Regeln, an die sich Ihre Kinder unbedingt halten müssen. Folgendes sollte ihnen

Beobachten Sie das Spiel, damit Kind und Hund nichts passiert.

am besten schon vor der Ankunft des Welpen klar sein:

- Auch ein noch so niedlicher kleiner Welpe ist kein Spielzeug!
- Störe nie den Hund im Schlaf. Besonders Welpen brauchen viel Schlaf und ungestörte Ruhe.
- Die Kinder sollten nicht mit dem Welpenspielzeug spielen und ihr eigenes Spielzeug aus seiner Reichweite halten.
- Der Hund darf niemals mutwillig geärgert werden! Ihm erst ein Leckerchen anzubieten und es ihm dann wegzunehmen ist unfair und bleibt nicht ohne Folgen – ein Russell lässt sich nicht gern zum Narren halten.
- Du bekommst genau das zurück, was du deinem Hund antust – behandele ihn mit Liebe und Respekt, und er gibt es dir zehnfach zurück, er wird dein Freund fürs Leben.

Gefährten auf Samtpfoten

Parson und Jack Russell Terrier wurden zur Jagd gezüchtet, und dieser Instinkt ist tief verwurzelt – mit der Folge, dass ihnen der zweifelhafte Ruf von Katzenhassern anhängt.

Zugegeben, auf einige trifft das voll und ganz zu. In der Regel sind das Hunde, die nicht mit Katzen aufgewachsen sind. Die anderen, die an Katzen gewöhnt wurden und gut mit ihnen sozialisiert wurden, leben in vollkommener Harmonie mit ihnen zusammen.

Allerdings braucht es Vorsicht und Zeit, dieses Ziel zu erreichen, da Russells und Katzen eben keine Freunde von Natur aus sind. Im

Idealfall hat Ihr Züchter auch Katzen – dann sind es für Ihren Welpen Familienmitglieder, nicht Spielzeuge, die quietschen, wenn man in sie beißt. Vieles lernt ein Welpe auch von seiner Mutter – jagt sie Katzen, wächst er in dem Glauben auf, dass Katzen genau hierfür da sind. Hat sie kein Interesse, vergisst Ihr Kleiner auch das nie – sein Verhalten gegenüber Katzen ist für die Zukunft geprägt.

Das Kennenlernen

Es könnte hilfreich sein, wenn Sie Ihren Kleinen in seine Box sperren, bevor Sie die Katze in die Nähe lassen. So kann die Katze sich vor seinem Angriff sicher fühlen, wenn sie ihn beschnüffelt und sich mit ihm vertraut macht, und baut Vertrauen auf, bis das direkte Zusammentreffen stattfindet.

Wenn Sie Ihren Russell mit Ihrer Katze zusammenbringen, sollten Sie so ruhig wie möglich sein. Sprechen Sie mit leiser Stimme beruhigend auf ihn ein, er darf sich keinesfalls aufregen.

Vergewissern Sie sich, dass Sie den Welpen fest »im Griff« haben – halten Sie ihn fest oder an der Leine.

- Bitten Sie eine andere Person, die Katze in ziemlicher Nähe zum Welpen im Arm zu halten. Ignorieren Sie Ihren Welpen, wenn er Interesse an der Katze zeigt, aber loben und belohnen Sie ihn, wenn er ihr keine Beachtung schenkt.
- Beruhigen Sie die Katze, zwingen Sie sie nicht zu bleiben, wenn sie weglaufen will. Lassen Sie sie gehen, wiederholen Sie das

Sogar der Terrierwelpe wird zum Katzenfreund, wenn er sie von klein an kennt.

Ganze später. Natürlich darf sie sich auch an einen sicheren Platz zurückziehen (z.B. einen Schrank oder ein Regal), falls sie das für besser hält.

- Tun Sie alles, um die Katze entspannt zu halten, damit sie, wenn überhaupt, dann langsam weggeht anstatt in Panik wegzurennen. Letzteres würde nämlich den Jagdtrieb in Ihrem Kleinen wecken! Schließlich ist die Jagd nach kleinen Pelztieren seine zweite Natur, und es wäre zukünftig umso schwieriger, ihn davon abzuhalten, das tolle Spiel zu provozieren.
- Wenn die Katze Vertrauen geschöpft hat, nähert sie sich dem Welpen, um ihn zu beschnüffeln. Auch wenn dies ein entscheidender Moment ist, vor dem sie etwas Angst haben: Bleiben Sie unter allen Umständen ruhig, denn Ihre Nervosität würde sich auf Hund und Katze übertragen und ihnen signalisieren, dass es Grund zur Angst gibt.
- Je positiver sich der Kontakt zwischen Hund und Katze gestaltet, desto wohler fühlen sich beide. Hören Sie nicht auf, den Welpen zu belohnen, wenn er die Katze ignoriert, und die Katze zu beruhigen und zu belohnen, wann immer sie in der Nähe des Hundes ist.
- Wenn Ihrem Welpen das Temperament durchgeht und er zu stürmisch ist, versucht die Katze vermutlich, ihm Respekt einzuflößen – sie faucht und zieht ihre Krallen schnell über seine Nase. Keine Panik: Ihr intelligenter Kleiner wird diese Lektion kaum vergessen und sich zukünftig besser benehmen!

Das Gleiche funktioniert auch mit anderen Vierbeinern! Fotos: Rani MorningStar

- Lassen Sie Katze und Hund auf keinen Fall allein, solange sie nicht absolut sicher sind, dass Sie ihnen trauen können.
- Wenn sich aber trotz all Ihrer Bemühungen kein gutes Verhältnis zwischen den beiden entwickelt, sollten Sie bei einem Verhaltenstherapeuten Hilfe suchen.

In Feld und Wald

Fast alle Russells akzeptieren bei entsprechender Aufzucht gern die Familienkatze, das sieht jedoch bei fremden Katzen und anderen kleinen Tieren ganz anders aus. Es ist so natürlich für Ihren Russell, im Feld Kaninchen zu jagen, dass Sie ihn wohl kaum davon abbringen können. Glücklicherweise sind die meisten Russells nicht schnell genug, eines zu erwischen, aber manche schaffen es leider doch. So oder so: Kein Hund sollte jagen, deshalb müssen Sie ihm frühzeitig beibringen, auf Zuruf zurückzukommen, wenn sein Jagdinstinkt ihn übermannt. Aber seien Sie gewarnt: Die meisten Russells sind nicht mehr ansprechbar, wenn sie eine Spur haben oder ein Kaninchen jagen, dann ist Ihr Kleiner trotz intensiven stundenlangen Trainings völlig taub, wenn Sie ihn rufen.

Wenn schon ein Hund zur Familie gehört

Auch in diesem Fall muss man mit Fingerspitzengefühl vorgehen, damit das Kennenlernen reibungslos vonstatten geht. Im entscheidenden Moment darf niemand die Fassung verlieren,

Alt und Jung müssen ihre Beziehung selbst regeln. Foto: Chris Cox

das könnte nicht nur das Verhältnis der Hunde untereinander, sondern auch ihr Vertrauen in Sie empfindlich stören.

Erwachsene Hunde sollten sich auf neutralem Boden kennen lernen, damit der Hund mit den älteren Rechten nicht sein Territorium gefährdet sieht. Bei einem jungen Welpen wäre das Infektionsrisiko jedoch zu groß; er sollte noch nicht an öffentliche Plätze gebracht werden, wo viele fremde Hunde sich aufgehalten haben. Er muss also im Haus oder im heimischen Garten mit Ihrem »Alten« zusammenkommen. Räumen Sie alle Gegenstände aus dem Weg, damit dieser nicht eifersüchtig wird und seine Habe verteidigt.

Meistens zeigt der ältere Hund dem Neuankömmling sofort, dass er als »Oberhund« die älteren Rechte hat, und ein gut sozialisierter Welpe ordnet sich dem gern unter. Deshalb müssen Sie darauf achten, dass Sie dem Welpen nichts durchgehen lassen, was dem älteren Hund verboten ist. Zum Beispiel: Wenn Ihr Alter nicht im Bett schlafen darf, wäre es ein schwerer Fehler, es dem Kleinen zu erlauben! Beide würden glauben, dass der Kleine zum Oberhund aufgestiegen ist – ob der Große das hinnehmen würde?

Wenn's ihm zu viel wird, zeigt Ihr alter Hund dem Kleinen vermutlich durch deutliches Knurren, wer der Boss ist – wenn er sich beispielsweise am Futter des Älteren oder dessen Spielzeug vergreift. Wie groß die Versuchung auch sein mag, sich einzumischen: Widerstehen Sie diesem Drang, lassen sie die beiden das unter sich ausmachen. Wenn Sie Ihren Alten dann ausschimpfen, untergräbt das seine Führungsposition und sorgt für Durcheinander.

Wenn Ihr Kleiner allerdings wirklich angegriffen wird, müssen Sie etwas tun – so weit sollte es aber gar nicht erst kommen. Ist die Hierarchie durch gelegentliches Knurren auf Dauer geklärt, leben beide friedlich zusammen – manchmal ist sogar der Welpe der Boss eines sich gern unterordnenden Älteren, auch das kommt vor! Wer es auch immer sein mag: Stützen Sie die Rangordnung, indem Sie stets den Oberhund zuerst füttern, zuerst begrüßen usw.

Grundlektionen

Stubenreinheit

Das ist der Aspekt der Welpenaufzucht, den viele Hundeneulinge am meisten fürchten, aber keine Angst: Die Mühe ist keinesfalls aussichtslos. Alle Welpen wollen ihren Schlafplatz instinktiv sauber halten, das sollten Sie sich zunutze machen. Und intelligent, wie Russells sind, merkt auch Ihr Kleiner schnell, was von ihm erwartet wird.

»Bringen Sie ihn regelmäßig nach draußen.«

Manche Züchter empfehlen, den Welpen daran zu gewöhnen, sein Geschäft zunächst auf Zeitungspapier zu verrichten. Das verlangsamt den Prozess zur Stubenreinheit aber nur: Erst lernt er, auf der Zeitung zu machen, dann muss man es ihm mühsam wieder abgewöhnen, damit er sich nur noch draußen löst. Besser, er lernt es von Anfang an richtig!

- Bestimmen Sie in Ihrem Garten einen festen Löseplatz.
- Bringen Sie ihn regelmäßig mehrmals am Tag dorthin (siehe unten).
- Benutzen Sie immer dasselbe Kommando (z.B. »Mach ein Bächlein« o.ä.) – möglichst mit Worten, die in anderen Situationen kaum zum Einsatz kommen.
- Während sich der Welpe löst, wiederholen Sie den Befehl, loben Sie den Kleinen überschwänglich, belohnen Sie ihn.
- Kehren Sie nicht sofort ins Haus zurück, wenn's vollbracht ist – auch bei Regen oder Kälte, denn kein Wetter ist schlecht, wenn die Kleidung stimmt! Russells sind gern draußen, und der gewitzte Kleine würde Sie beim nächsten Mal nur länger warten lassen, bis er sich löst. Stattdessen sollten Sie ihn mit einem Spiel belohnen, bevor Sie in die Wärme zurückkehren.
- Wenn Ihr Welpe sich diesmal nicht löst, versuchen Sie es kurze Zeit später wieder. Aber behalten Sie ihn im Haus im Auge! Schnüffelt er suchend herum und dreht sich um sich selbst, muss er sofort nach draußen.

Und wenn doch etwas daneben geht ...

Eines muss klar sein: Wenn ihm im Haus etwas daneben geht, ist das nicht seine Schuld – es ist Ihre ganz allein! Bringen Sie ihn regelmäßig nach draußen, damit er die Gelegenheit hat, sich zu lösen. Und wenn es doch im Haus passiert, haben Sie einfach nicht genug auf ihn geachtet! Ungefähr alle zwei Stunden muss Ihr Welpen in den Garten. Wenn das nicht genügt (Sie merken es an den feuchten Stellen auf Ihrem Teppich),

Besondere Wachsamkeit ist der Schlüssel zur Sauberkeit im Haus. Foto: Rani MorningStar

bringen Sie ihn eben noch öfter zu seinem Löseplatz! Dazu unbedingt

- als erste Amtshandlung frühmorgens
- nach jeder Mahlzeit
- nach jedem Spiel oder Training
- als Letztes am Abend, bevor er ins Körbchen oder die Box muss
- immer, wenn er durch Herumschnüffeln und Drehbewegungen zeigt, dass er »muss«.

Schimpfen Sie ihn nicht aus, wenn's passiert ist, obwohl Sie ständig mit ihm draußen waren, auch wenn Sie noch so frustriert sind. Übrigens ist es entgegen volkstümlicher Meinung nicht nur grausam, seine Nase in der Bescherung zu reiben, sondern zudem sinnlos: Strafen können sein Vertrauen empfindlich stören und alle bisherigen Fortschritte zunichte machen. Er weiß gar nicht, warum Sie wütend sind! Und sein schuldbewusster Blick zeigt keineswegs, dass er weiß, was er getan hat. Er spiegelt nur seine Unterwürfigkeit wider, mit der er Sie – warum auch immer – wieder zu besänftigen versucht.

Schlucken Sie Ihren Ärger herunter, und reinigen Sie die Stelle gründlich mit einem Mittel, das alle Gerüche auch für die empfindliche Nase Ihres Welpen sicher entfernt, sonst fühlt er sich später instinktiv immer wieder zum Tatort hingezogen. Selbst handelsübliche Desinfektionsmittel reichen oft nicht aus.

Auf frischer Tat

Erwischen Sie ihn gerade, wenn er sich löst, machen Sie ganz schnell ein ungewohntes Geräusch, das ihn innehalten lässt. Händeklatschen, Muhen, Quaken – wenn es nur seine Aufmerksamkeit fesselt! Aber schimpfen Sie nicht – sonst denkt er, sein Sich-Lösen gefällt Ihnen grundsätzlich nicht, und macht auch unter Beobachtung im Garten nicht mehr. Und versteckt sich beim nächsten Mal hinter dem Sofa, um in Ruhe sein Geschäft zu machen ...

Sobald er sein Vorhaben abgebrochen hat, bringen Sie den Kleinen in den Garten. Wenn's klappt, zeigen Sie ihm Ihre Freude durch jede Menge Lob.

Stille

Wenn der Welpe sich partout nicht löst, wenn Sie ihn nach draußen bringen, und immer wieder drinnen macht, versuchen Sie es doch mal mit Stillsein. Halten Sie ihn an einem Platz, wo Sie ihn ständig beobachten können. Achten Sie auf seine Körpersprache! Sobald sich die Warnsignale zeigen (Schnüffeln, Drehen), gehen Sie ruhig zu ihm und tragen ihn nach draußen. Sagen Sie kein Wort! Das würde nämlich seine Aufmerksamkeit erregen und von seinem Bedürfnis ablenken. Besser ist es, ihn sein Vorhaben ungestört draußen fortsetzen zu lassen.

Die Box

Russells lieben, wie fast alle Hunde, kuschelige Höhlen, deshalb fühlt Ihr Welpe sich schon instinktiv in seiner Box wohl. Stellen Sie sie an einen ruhigen Platz im Haus – wie wär's mit einem Eckchen in der Küche? Legen Sie eine bequeme Decke und Kauspielzeug hinein, um den Kleinen bei Laune zu halten. Noch kuscheliger wird's, wenn Sie eine Decke über das Dach

Sinnvoll angewandt, ist die Box ein Segen für Hund und Herrn.

und an drei Seiten der Box legen. So kann er sich verstecken oder herausschauen und ist zudem gegen Zugluft geschützt.

Nicht nur die meisten Welpen mögen ihre Kiste, auch für manche Besitzer ist sie ein wahrer Segen – sofern sie sinnvoll und verantwortungsbewusst eingesetzt wird. Der Welpe ist sicher untergebracht, wenn Handwerker im Haus sind oder wenn Sie einmal nicht auf ihn aufpassen können, und Sie brauchen sich nicht zu sorgen.

Die Box darf aber niemals zu einem Gefängnis werden, in dem der Kleine für längere Zeit zur Strafe weggesperrt wird. Sie muss sein ganz eigenes Zuhause sein, in dem er sich sicher und geschützt fühlt und ungestört bleibt. Deshalb müssen die Kinder auch lernen, ihn unbedingt in Ruhe zu lassen, wenn er in der Box ist!

Im Welpenalter ist die Box unersetzlich, aber auch, wenn Ihr Kleiner erwachsen ist, ist sie nützlich – auf Ausstellungen, beim Tierarzt, im Auto – kurz und gut: Sie ist sein mobiles Heim, wo immer Sie auch mit ihm sind, das ihn sein Leben lang begleitet.

Autofahren

Auch hierbei erweist sich die Box als sinnvoll, nichts ist nämlich gefährlicher als ein kleiner Hund, der im Auto frei herumlaufen kann. Hier muss der Hund stets unter Kontrolle sein! Ein freier Hund lenkt nicht nur den Fahrer ab, er stellt auch im Falle eines Unfalls eine große Gefahr dar (ganz zu schweigen von den rechtlichen Folgen!). Wenn Sie ihn nicht in seiner Box transportieren wollen, müssen Sie ein Sicherheitsgeschirr anschaffen, mit dem Hunde im Auto angegurtet werden können. Die meisten Russells fahren gern Auto, es gibt aber auch Ausnahmen. Gewöhnen Sie Ihren Welpen langsam daran, zeigen Sie ihm, dass das Autofahren etwas Angenehmes ist.

- Stellen Sie die Box ins Auto (natürlich mit weicher Decke und einem Lieblingsspielzeug).
- Setzen Sie den Kleinen zunächst nur für wenige Minuten hinein, loben und belohnen Sie ihn mit einem besonderen Leckerbissen.
- Steigern Sie langsam die Zeit seines Verbleibens in der Box, versüßen Sie ihm das Ganze – wie gehabt – mit Lob und Leckerchen.
- Fühlt sich der Kleine nun auch im Auto in seiner Box wohl, lassen Sie den Motor an und einige Zeit im Stand laufen (Lob, Belohnung).
- Haben Sie das Gefühl, dass er nun soweit ist, fahren Sie ihn eine kurze Strecke. Am Ende sparen Sie nicht mit Lob! Nach und nach lassen Sie die Fahrten immer länger werden.
- Damit ihm nicht schlecht wird, sollte sein Magen vor der Fahrt leer sein. Ihr Tierarzt kann mit geeigneten Medikamenten helfen. Auch wenn der Welpe zu Anfang jedesmal erbricht, ist das zwar nicht schön, aber kein Grund zur Verzweiflung: Das wächst sich fast immer aus.

»Bringen Sie dem Welpen bei, dass er im Haus nichts fürchten muss.«

Vorsicht, Hitze!

Lassen Sie Ihren Hund nie allein im Auto! Sogar bei bedecktem Himmel oder im Schatten können Autos wie Glutöfen aufheizen, und nicht wenige Hunde sind schon qualvoll verendet, einfach weil ihre Besitzer gedankenlos waren. Auf langen Reisen oder an heißen Tagen sind regelmäßige Pausen nötig, außerdem müssen Sie stets frisches Wasser für Ihren Hund bereithalten (es gibt spezielle Näpfe für solche Fälle). Auch schattenspendende Schutzfolien für die Scheiben können die Fahrt angenehmer machen.

Sozialisierung

Schon in den Kapiteln über Autofahren, Kinder und Katzen wird deutlich: Ihr Welpe muss gut sozialisiert werden. Nur wenn er mit den unterschiedlichsten Situationen vertraut ist, kann er zu einem ruhigen, selbstsicheren Hund heranwachsen. In der Regel neigen Russells nicht zu Nervosität, sie sind furchtlos, mutig und neugierig. Es ist zwar unwahrscheinlich, dass ein Russell-Welpe vor seinem eigenen Schatten davonläuft, dennoch ist Vorbeugen besser als Heilen; eine umfassende Sozialisierung gibt ihm den besten Start fürs Leben.

Haushaltsgeräte

Gehen Sie auch hier nach bewährtem Muster vor. Zeigen Sie dem Kleinen, dass Haushaltsgeräusche keine Bedrohung sind, sondern im Gegenteil angenehme Folgen haben. Als Beispiel soll die Waschmaschine dienen, die Methode wirkt aber gleichermaßen bei Staubsauger, Geschirrspüler, Haartrockner, Wäschetrockner usw.

- Setzen Sie sich auf den Fußboden in die Nä-

Der gut sozialisierte Welpe kann alle neuen Erfahrungen verarbeiten.

he der Waschmaschine, streicheln Sie den Welpen. Spielen Sie mit ihm!

- Ist er ins Spiel vertieft, schalten Sie die Waschmaschine ein, zunächst im Schongang.
- Reagieren Sie in keiner Weise auf den Lärm, spielen Sie einfach weiter.
- Der Welpe sollte ebenfalls weiterspielen, allenfalls ist er nur leicht abgelenkt. Fesseln Sie seine Aufmerksamkeit mit einem Spielzeug, loben Sie ihn, wenn er das Geräusch ignoriert.
- Schalten Sie die Maschine aus, spielen Sie weiter. Wiederholen Sie die Übung später, wobei die Maschine immer länger eingeschaltet bleiben soll.
- Lassen Sie den Welpen ruhig weglaufen, wenn es ihm zu viel wird. Es würde gar nichts nützen, ihn zum Bleiben zu zwingen, wenn er sich fürchtet – das würde seine Angst nur steigern. Bleiben Sie im Raum, locken Sie ihn mit einem Quietschspielzeug (o.ä.) wieder herbei. Belohnen Sie ihn mit einem besonderen Leckerbissen, einem Spiel und jede Menge Lob, wenn er wirklich zurückkommt!
- Wenn ihm der Lärm der laufenden Waschmaschine nichts mehr ausmacht, können Sie die Schleuder einschalten. Wenn er es sogar ohne Aufregung hinnimmt, dass der Boden unter seinen Füßen erzittert, haben Sie gewonnen!

Besuch beim Tierarzt

Manche Hunde haben panische Angst, wenn's zum Tierarzt geht. Selbst ein nicht übermäßig intelligenter Hund lernt schnell, dass der Tierarztbesuch mit Nadelstichen, Tablettenschlucken, Thermometern in irgendwelchen Körperteilen oder noch unangenehmer endet. Das Problem wird oft noch verschlimmert, weil auch der Besitzer unter Stress steht. Obwohl das verständlich ist: Versuchen Sie alles, um sich Ihre Nervosität nicht anmerken zu lassen. Russells

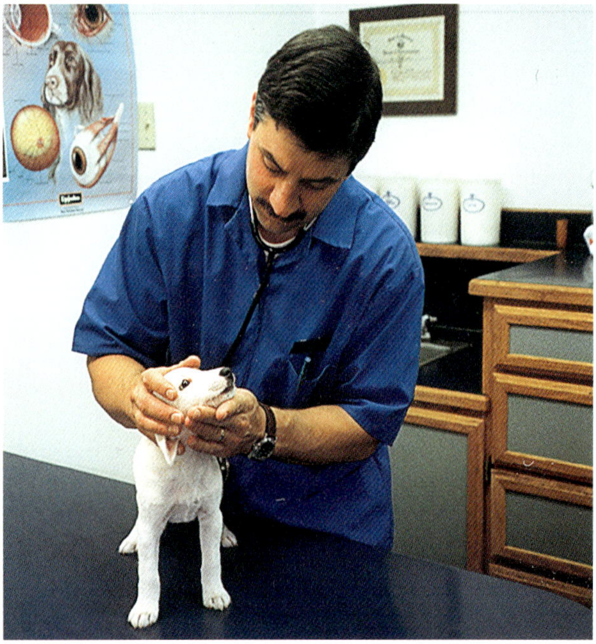

Vor der Impfung ist eine gründliche Untersuchung fällig. Foto: Rani MorningStar

haben ein feines Gespür für die Gemütslage ihrer Besitzer und nehmen schnell deren schlechte Stimmung an: Wenn sein Mensch Angst hat, gerät auch der Hund in Panik.

- Bevor Sie den Welpen für einen Gesundheitscheck oder zum Impfen zum Tierarzt bringen, bewaffnen Sie sich mit einigen schmackhaften Leckerchen. Bitten Sie den Tierarzt, dem Kleinen während der Behandlung immer wieder eins zu geben. Das tut er sicher gern, es kann schließlich seine Arbeit in Zukunft beträchtlich erleichtern.
- Fragen Sie, ob eine Ihrer Hundedecken für einige Tage in der Praxis bleiben kann! Bringen Sie so den Praxisgeruch an seinen Schlafplatz, damit er ihn mit heimischer Wärme und Geborgenheit in Verbindung bringt.
- Besuchen Sie die Praxis, wenn noch andere Welpen im Wartezimmer sind (vielleicht können Sie sich mit den Besitzern seiner Geschwister verabreden). Das Spiel mit Gleichaltrigen (vorausgesetzt, alle sind geimpft!) zeigt ihm, dass es beim Tierarzt lustig zugeht.

Berührungsängste?

Ihr Welpe muss lernen, sich widerstandslos anfassen zu lassen – und zwar überall und in jeder Weise. Das nicht nur zum Wohl Ihres Tierarztes, sondern vor allem, um Ihr Leben leichter zu machen: z.B. damit Haut- und Haarpflege nicht zum Ringkampf werden. Es ist auch wichtige Voraussetzung für die Ausstellung (falls Sie Ambitionen haben) – er muss sich anstandslos am ganzen Körper vom Richter abtasten lassen.

Folgendes ist zu beachten:

- Lassen Sie den Welpen von so vielen verschiedenen Menschen anfassen wie möglich!
- Er muss sich daran gewöhnen, an allen Körperteilen angefasst zu werden – auch an Bauch, Rute und in den »Achselhöhlen«.
- Kontrollieren Sie häufig seine Zähne, putzen Sie sie mit einer weichen Bürste.
- Nehmen Sie seine Pfoten, auch die Ballen, oft in die Hand; sehen Sie regelmäßig in die Ohren. Belohnen Sie ihn dabei!
- Sehen Sie nach seinen Krallen. Schneiden Sie sie bei Bedarf mit einer Spezialzange, ohne ins »Leben« zu schneiden. Das würde stark bluten und tut ihm weh – was er für lange Zeit nicht vergessen würde.

In Welpenkursen lernt Ihr Kleiner artgerechtes Verhalten mit Groß und Klein.

Foto: Melissa Dailey

- Bürsten Sie ihn regelmäßig mit einer weichen Bürste. Machen Sie ihm die Prozedur mit Leckerchen angenehm! Dann ist er daran gewöhnt, wenn das Erwachsenenhaar durchkommt und das Trimming ansteht (s.S. 64).

Je öfter Sie all diese Übungen durchexerzieren, desto weniger Probleme sollten sie machen. Wenn sie stets angenehm für ihn sind, gewöhnt er sich gern daran, und die Bindung zwischen Ihnen beiden wird umso intensiver.

Welpenspielstunden
werden heute von vielen Hundevereinen angeboten; sie sind eine enorme Hilfe bei der Sozialisierung Ihres Kleinen – vor allem, wenn er zu den dominanten Russells gehört. Klein wie sie sind, können Russells zu echten Hooligans und zum Schrecken der Nachbarschaft werden. Schon der Welpe muss also von klein auf gutes Hundebenehmen lernen. Zugegeben, dies ist der schlimmste denkbare Fall, und der ist Gott

MOTIVATION

Das Zauberwort beim Welpentraining! Die besten Mittel: Leckerchen oder Spielzeug. Falls Ihr Kleiner auf Futter fliegt: Geben Sie immer nur kleine Stückchen, sonst werden Trainingsfluss und Konzentration ständig durch genussvolles Kauen unterbrochen, und nur so viel, dass er sich gern anstrengt, mehr zu bekommen. Natürlich muss die tägliche Futterration entsprechend kleiner sein, damit er nicht dick wird.

Andere Russells sind verrückt auf Quietschtiere – ein Hinweis auf ihre jagdliche Vergangenheit (die gefangenen Beutetiere quietschten eben jämmerlich). Die Motivation hierdurch ist allerdings nichts für nervenschwache Besitzer! Quietschen Sie kurz mit dem Spielzeug, um ihn beim Training aufmerksam zu machen, und belohnen Sie ihn mit einem kurzen Spiel, wenn er's gut gemacht hat. Aber Vorsicht: Manche Hunde geraten außer Rand und Band, wenn sie das Geräusch hören, und das Üben kann man für den Tag vergessen. Testen Sie, was bei Ihrem Kleinen am besten ankommt!

sei Dank recht selten, aber Vorbeugen schadet sicher niemandem. Die Zeit, die sie in die Erziehung des Welpen investieren, wird sich ein ganzes Hundeleben lang auszahlen.

Welpenspielstunden sind ein Riesenspaß für Ihren Kleinen; er lernt, wie viel Vergnügen die Gesellschaft anderer Hunde aller Größen und Altersstufen bringt. Unterschätzen Sie zudem nicht, was er von seinen Artgenossen lernt – »Hundesprache« kann ihm ein vierbeiniger Spielgefährte besser beibringen als jeder Mensch. Spielt er zu wild, knurrt oder schnappt der Kamerad. Nähert er sich ihm, wenn er gerade keine Lust hat, zeigt er ihm auch das ganz deutlich. Wenn er sein Gegenüber besänftigen will, nimmt er eine unterwürfige Haltung ein. All dies – und viel mehr – lernt er einfach und am besten im Spiel.

Training

Ein Russell braucht ein geregeltes Leben und muss ausgelastet sein. Bei seiner Intelligenz ist es ihm ein Leichtes, sich sonst selbst zu beschäftigen – sei es, dass er sich mit Artgenossen anlegt oder den Kühlschrank ausräumt, wenn's ihm langweilig wird. Überschüssige Energie durch Training in die richtigen Bahnen zu lenken hilft, dies zu kontrollieren, Welpenkurse sollten eine vergnügliche Erfahrung sein, bei der mit positiven, auf dem Prinzip von Ermunterung und Belohnung basierenden Methoden trainiert wird. Leider gibt es auch heute noch Trainer, die die Hunde mit drastischen Methoden zum Funktionieren bringen wollen, informieren Sie sich vorher durch die unverbindliche

Befindet sich das Leckerchen direkt über seinem Kopf, schaut er nach oben und setzt sich automatisch hin.

Teilnahme am Training – ohne Hund! Indem Sie ihm die Grundkommandos beibringen, festigen Sie die Hierarchie im Familienrudel und geben ihm die Chance, sie anzuerkennen. Gleichzeitig sollte das Training allen Spaß machen.

Sitz!

Diese Übung ist überall von Nutzen – wenn er die Nachbarskatze jagt, auf die Straße laufen will, kurz: in jeder Situation, in der sie ihn stoppen müssen. Sie fördert zudem sein gesittetes Benehmen: Lassen Sie ihn Sitz machen, wenn Sie sein Futter zubereiten, das Futter ist dann die Belohnung. Oder wenn er sich ständig mit Ihnen durch jede Tür drängelt und Ihnen unter die Füße gerät – lassen Sie ihn sich setzen; dann gehen Sie voraus, erst danach darf er hinter Ihnen her laufen.

- Lenken Sie seine Aufmerksamkeit auf sein Lieblingsleckerchen, das Sie sichtbar in der Hand halten.
- Halten Sie die Hand vor seine Nase, bewegen Sie sie über seinen Kopf, so dass er das Leckerchen nur sehen kann, wenn er nach oben schaut. Dabei setzt er sich automatisch!
- Sagen Sie »Sitz« und geben Sie ihm das Objekt seiner Begierde, sobald er sitzt.
- Wiederholen Sie die Übung in kurzer Zeit mehrmals hintereinander – es dauert nicht lange, und er setzt sich auf Befehl.
- Es ist auch hilfreich, wenn Sie immer dann »Sitz« sagen, wenn er sich ohnehin setzt – so assoziiert er Wort und Tat noch schneller.

Wiederholen Sie die Übung häufig während des Tages, wo immer Sie gerade sind – Wiederholungen sind eine Lernhilfe, die sich bewährt hat.

Platz!

Ebenfalls eine nützliche Übung! Die »Platz«-Position zwingt den Hund noch stärker als das »Sitz« dazu, an Ort und Stelle zu verharren.

- Befehlen Sie Ihrem Welpen »Sitz!«.
- Halten Sie ein Leckerchen in der Hand, zeigen Sie's ihm, dann legen Sie Ihre Hand vor seinem Kopf auf den Boden.
- Halten Sie das Objekt seiner Begierde fest in der geschlossenen Faust, so dass er nicht daran kommt. Ihr Kleiner versucht mit Sicherheit alles, um es zu erreichen: Er steht auf und duckt sich mit dem Kopf hinunter.
- Irgendwann merkt er, dass er mit seinem Kopf nur dann wirklich dicht genug an Ihre Hand gelangt, wenn er sich hinlegt.
- Darauf haben Sie gewartet! Sagen Sie »Platz«, wenn er die Läufe nach vorn streckt und sein Bauch den Boden berührt; loben Sie ihn und – natürlich! – er bekommt den Leckerbissen, für den er sich so angestrengt hat.

Gleich hab' ich's! Das Leckerchen auf dem Boden bringt ihn dazu, sich hinzulegen.

Haben Sie Geduld – irgendwann funktioniert es.

- Üben Sie das mehrmals täglich! Klug, wie er ist, legt er sich schon bald hin, sobald »Platz« ertönt.
- Sagen Sie immer dann »Platz«, wenn er sich gerade aus eigenem Antrieb hinlegt, um Wort und Tat noch stärker miteinander zu verknüpfen.

Bleib!

Dies ist der nächste Schritt, wenn er »Sitz« und »Platz« beherrscht. Die Übung kann existentielle Bedeutung bekommen, wenn Sie z.B. an der Straße die Autotür öffnen und er nicht sofort herausspringen soll.

- Bringen Sie den Welpen in die »Platz«-Position, befehlen Sie »Bleib«.
- Treten Sie einen Schritt zurück, warten Sie einige Sekunden, dann rufen Sie ihn zu sich und loben und belohnen ihn.
- Sobald er versucht, sich zu bewegen, wiederholen Sie mit fester Stimme »Bleib«.
- Wiederholen Sie die Übung, wobei Sie die Zeitspanne, in der er »bleiben« soll, langsam vergrößern.
- Gehen Sie langsam vor – wenn er 10 Sekunden lang sicher »bleibt«, versuchen Sie es mit 15. Steigern Sie die Zeitspanne erst dann, wenn er die vorherige sicher beherrscht.
- Steht er ohne Aufforderung auf, bekommt er keine Belohnung. Gehen Sie zu einer kürzeren Zeitspanne zurück, und – s.o.
- Beherrscht er diese Übung sicher, treten Sie selbst einen Schritt weiter zurück, wiederholen Sie das Ganze aus größerer Entfernung.
- Vergrößern Sie langsam den Abstand zum Hund, aber jeweils erst dann, wenn Sie sich in der vorherigen Distanz auf ihn verlassen konnten.
- Üben Sie das mit ihm bei jeder Gelegenheit – und geben Sie ihm das Gefühl, dass er der klügste Hund der Welt ist, wenn er's richtig gemacht hat.

Die Körpersprache zeigt ihm: »Bleib!«

Halsband und Leine

Als freiheitsliebender Hund mit eigenem Kopf könnte Ihr Russell sich anfangs ziemlich gegen das Halsband wehren; er denkt gar nicht daran, an der Leine gesittet neben Ihnen herzulaufen. Gewöhnen Sie ihn auf positive Art ohne Zwang, dafür mit viel Lob und Belohnung daran, dann ist das Problem schnell aus der Welt.

Übung 1

- Legen Sie dem Kleinen zunächst nur für kurze Zeit, aber regelmäßig ein weiches, leichtes Halsband um. Lenken Sie ihn durch Spiel und Spaß von seinen Versuchen ab, das Halsband durch heftiges Kratzen loszuwerden.

- Lassen Sie das Halsband nach und nach länger an seinem Hals. Halten Sie ihn unter ständiger Beobachtung – nicht auszudenken, wenn er damit irgendwo hängenbliebe! Auch wenn er daran gewöhnt ist, sollte er das Halsband ohnehin nur tragen, wenn's nach draußen geht.
- Bringen Sie die Leine erst dann ins Spiel, wenn Ihr Welpe mit dem Halsband keinerlei Probleme mehr hat.

Übung 2

Üben Sie im eigenen Garten, solange Ihr Welpe noch keinen kompletten Impfschutz aufgebaut hat!

Das Spielzeug lockt ihn (hoffentlich) vorwärts.

- Lassen Sie Ihren Kleinen an Ihrer linken Seite »Sitz« machen, befestigen Sie die Leine am Halsband, halten Sie sie in Ihrer rechten Hand.
- Halten Sie in Ihrer Linken ein Spielzeug oder ein Leckerchen.
- Gehen Sie langsam vorwärts. Haben Sie Glück und er geht mit, sagen Sie »Bei Fuß«, locken Sie ihn mit Lob und Belohnung.
- Zieht er an der Leine, bleiben Sie sofort stehen. Er muss begreifen, dass sein Ziehen ihn nirgendwo hin bringt. Rufen Sie ihn zurück, lassen Sie ihn »Sitz« machen, beginnen Sie neu.
- Wird er von irgendetwas abgelenkt, erinnern Sie ihn daran, »Bei Fuß« zu gehen, quietschen Sie von Zeit zu Zeit mit seinem Spielzeug, um seine Aufmerksamkeit zu fesseln.
- Hat er begriffen, was von ihm verlangt wird, wandeln Sie die Übung ab: Wechseln Sie die Richtung, gehen Sie im Kreis, bleiben Sie unerwartet stehen. So wird's ihm nicht langweilig und er bleibt konzentriert.

Komm!

Fast alle Welpen vergessen ihre Besitzer, wenn sie durch etwas Interessantes abgelenkt werden, ein Russell aber hat ein besonders selektives Wahrnehmungsvermögen. Verfolgt er eine Spur, kann ihn kein Rufen aufhalten, bis er seine Mission erfüllt hat. Machen Sie nicht den Fehler, zu lange mit dem »Komm«-Üben zu warten, nur weil Sie den kleinen Welpen im Notfall ja noch selbst einfangen können. Das Training schon im Welpenalter zahlt sich aus, wenn der

Hund heranwächst, unabhängiger wird und seine Spürnase voll entwickelt. Es lohnt sich, Zeit für die »Komm«-Übung zu investieren, bevor die Probleme entstehen.

Übung 1

- Ihr Welpe muss seinen Namen kennen, sprechen Sie ihn immer wieder damit an.
- Befehlen Sie »Sitz« und »Bleib«, dann knien Sie sich nicht weit von ihm hin. Nennen Sie ihn beim Namen und sagen Sie »Komm!«. Zeigen Sie ihm durch Ihren begeisterten Tonfall, dass Sie ihn liebend gern bei sich haben möchten. Quietschen Sie mit seinem Lieblingstier – kurz: Tun Sie alles, um ihn herbeizulocken.
- Zeigen Sie überschwängliche Freude, wenn er kommt, belohnen Sie ihn mit Leckerchen und Spiel.
- Rufen Sie ihn aus immer größerer Entfernung herbei, auch wenn er sich in einem anderen Raum befindet. Lässt er sogar seinen Futternapf stehen, wenn er »Komm« hört, haben Sie gewonnen!

Übung 2

Wenn Ihr Kleiner voll geimpft ist und Ihr »Komm« in Haus und Garten sicher befolgt, verlegen Sie das Übungsgelände in den Park. Dort wird er viel stärker abgelenkt!

- Nehmen Sie ihn an eine extralange Leine.
- Befehlen Sie »Sitz« und »Bleib«, gehen Sie einige Schritte weg von ihm.
- Rufen Sie ihn beim Namen, sagen Sie »Komm«. Wie vorher locken Sie ihn mit irgendetwas an. Kommt er: Lob und Belohnung!
- Reagiert er nicht auf die Aufforderung, verkürzen Sie die Leine langsam aber sicher, bis er kommt. Dann verlängern Sie die Leine allmählich, bis er aus jeder Entfernung gehorcht.
- Wenn er mit Leine dem Zuruf sicher folgt, üben Sie das Ganze ohne Leine.

Auf Zuruf zu »kommen« ist eine der wichtigsten Übungen.

Überfordern Sie ihn nicht, solange er noch wächst.

- Während der Spaziergänge rufen Sie ihn immer wieder zu sich, loben und streicheln Sie ihn, schicken Sie ihn danach wieder zum Spielen. Nehmen Sie ihn keinesfalls sofort nach dem Herbeirufen an die Leine! Das Kommen muss für ihn etwas Tolles sein; wenn Sie ihm durch die Leine zu früh zeigen, dass der Spaziergang zu Ende ist, weigert er sich zu kommen.

Haben Sie das Problem, dass Ihr erwachsener Hund auf Zuruf nicht kommt, lesen Sie nach auf Seite 53.

Auslauf und Bewegung

Spiel und Bewegung gehören zu den echten Freuden der Hundehaltung. Seien Sie aber vorsichtig während der Wachstumsphase – Welpen sind recht verletzungsanfällig, und nur zu oft führen wilde Spiele und gewagte Sprünge vom Sofa zu Verletzungen.

Beaufsichtigen Sie den Kleinen, halten Sie ihn von hohen Sprüngen ab, auch das Treppensteigen sollte verhindert werden, bis seine Knochen fest geworden sind (mit ungefähr sechs Monaten). Ein Kinderschutzgitter hat sich als nützliche Investition erwiesen!

Steigern Sie den Auslauf Ihres Kleinen allmählich, damit er sich nicht überanstrengt. Zunächst reicht Bewegung in Haus und Garten völlig aus; ohne vollen Impfschutz sollten Sie ihn ohnehin noch nicht in die Welt hinaus lassen. Danach genügt zu Anfang ein 10-minütiger täglicher Spaziergang an der Leine. Laufen Sie auf hartem und weichem Boden (gut für seine Krallen und für die Gewöhnung!).

Kein Welpe ist wie der andere; tragen Sie den individuellen Bedürfnissen Ihres Kleinen Rechnung. Einige sind besonders energiegeladen und brauchen mehr Bewegung als andere. In jedem Fall sind drei oder vier kurze Spaziergänge am Tag besser als ein langer. Sie bringen mehr Abwechslung in den Tag Ihres Welpen, ohne diesen übermäßig zu erschöpfen oder gar die noch weichen Knochen zu schädigen.

Ein ausgewachsener Russell braucht unbedingt Freilauf in der Natur, dem Welpen genügt aber noch das Rennen im Garten – erst recht, wenn Sie mit ihm spielen! Das ist gut für Geist und Körper – für Mensch und Hund.

Kapitel 4

Der Junghund

Das Jugendalter des Hundes ist eine weichenstellende Entwicklungsphase; nicht ohne Grund nennt man es auch die »Halbstarkenphase«. Mit seinem schon erwachten Selbstbewusstsein und den Hormonen, die sich deutlich bemerkbar machen, wird Ihre Geduld auf eine harte Probe gestellt. Aber auch diese Zeit geht vorbei; Sie stehen sie am besten durch, indem Sie ihn fest, aber fair behandeln und nicht von Ihrem Kurs abweichen.

Wer ist hier der Boss?

Mit ungefähr sechs Monaten beginnt vermutlich die Geschlechtsreife Ihres Hundes. Er zeigt nicht nur körperliche Veränderungen (das herzige Bild des knuffigen Babys ist unwiederbringlich verloren!), auch Verhaltenswechsel sind möglich. Einerseits kann er noch sehr kindlich sein, aber das Erwachsenenverhalten kommt immer stärker durch. Der Rüde zeigt seine Männlichkeit, indem er alles besteigt, was ihm vor die Augen (oder so) kommt. Lassen Sie ihm das nicht durchgehen; noch schlimmer wäre es, wenn Sie darüber lachen würden! Da er gern im Mittelpunkt steht, würde ihn das in seinem Tun bestärken: Warum sollte er sein Verhalten ändern, wenn sein Tun das Publikum erfreut? Er bleibt dabei – da hilft selbst die Kastration nicht. Also: Sobald Sie ihn auf frischer Tat ertappen, sagen Sie: »Lass das!« und lenken ihn von seinem Vorhaben ab. Dieses Niemandsland zwischen Welpen- und Erwachsenenalter kann auch für Ihren Hund verwirrend sein. Als flinker Opportunist, der er ist, entdeckt er Ihre Schwachstellen ebenso schnell wie Kaninchen und nutzt jede vorübergehende Führungsschwäche gnadenlos aus. Zeigen Sie während dieser Zeit besonders konsequentes Durchsetzungsvermögen! Reichen Sie ihm auch nur den kleinen Finger, nimmt er die ganze Hand, lassen Sie ihm also nichts durchgehen, was er auch sonst nicht darf. Je mehr Mühe Sie in seine Erziehung im ersten Lebensjahr investieren, desto einfacher wird es später. Irgendwann kennt er die Regeln und gibt seine Versuche auf, sie zu brechen.

RALEY AUSSER RAND UND BAND

Helen Noble wollte schon immer einen Parson Russell haben – da sie mit Pferden gearbeitet hatte und deshalb seit je her von Russells umgeben war, kannte sie die Rasse schon – dachte sie jedenfalls.

»Im März kaufte ich Raley, meinen ersten eigenen Parson Russell. Mein Freund hatte Labrador Retriever, aber Raley als erster eigener Hund war also irgendwie meine Feuertaufe.

Raley wird diese Woche neun Monate alt; er ist sehr einspurig in seiner Denkweise. Hat er sich erst auf irgendeiner Spur festgebissen, kann man rufen, so oft man will – er hört nicht. Raleys Schutzinstinkt gegenüber seiner Familie ist sehr ausgeprägt. Wir nehmen ihn mit auf unser Boot, er hält uns dabei stets im Auge. Wenn ich das Boot zum Wasserski laufen verlasse, gibt er keine Ruhe, bis ich wieder zurück bin. Jeder muss in seinem Blickfeld bleiben, nur dann ist er zufrieden! Allerdings legt er selbst nicht ganz so großen Wert darauf, in unserer Sichtweite zu bleiben. Er ist schon dreimal ausgerissen, obwohl unser Gartenzaun fast 1 $^{1}/_{2}$ m hoch ist – er springt daran hoch und klettert den Rest.

Auf dem Laufsteg ist Raley besonders vorsichtig. Foto: Helen Noble

In mancher Hinsicht benimmt sich Raley aber auch besser als andere Hunde. Mein Chef hat seinen Welpen zur gleichen Zeit bekommen wie wir Raley – sein Hund hat ständig Löcher gegraben und alles angekaut. Raley gräbt gar nicht und kaut allenfalls auf seinen Spielsachen herum. Er ist genauso alt, aber lange nicht so babyhaft. Raley hat keine Probleme mit anderen Hunden. Ich wusste, dass Russells ohne gute Sozialisierung recht streitsüchtig sein können, deshalb habe ich ihn mit so vielen Hunden wie möglich zusammengebracht. Er ist sehr unterwürfig und liebt das Spielen. Er kriecht wedelnd auf den anderen Hund zu und zeigt ihm so: Ich bin dein Freund, bitte spiele mit mir.

Ganz anders jedoch bei kleineren Tieren: Freunde von uns haben Wüstenrennmäuse, und sobald Raley sie entdeckte, stand er mit erhobener Nase schwanzwedelnd vor dem Käfig und ließ sich durch nichts ablenken. Letztendlich mussten wir ihn wegtragen!

Raley spielt für sein Leben gern. Er hat ein Spielzeug mit einem Seil, an dem er alle aufgestaute Energie loswerden kann. Wenn man ihn damit beobachtet, könnte man denken, er sei aggressiv, das stimmt aber nicht. Er hat eine sehr gute Beißhemmung. Mit 16 Wochen hat er einige Male versucht, nach uns zu schnappen, wir haben aber jedesmal sofort einen scharfen Schrei ausgestoßen und ihm einen leichten Klaps auf die Nase gegeben; schon bald hat er diese Unart aufgegeben. Seither hat er nie wieder geschnappt.«

Problemverhalten

Im Auto

Russells neigen stark dazu, »ihr« Auto zu bewachen und zu verteidigen – sei es, dass sie ununterbrochen mit dem Kopf gegen die Windschutzscheibe stoßen, wenn jemand draußen vorbeigeht, sei es, dass sie auf und ab springen oder pausenlos bellen. Geben Sie sich nicht dem Irrglauben hin, Ihr Hund schrecke wirklich so Autodiebe ab – sein Verhalten ist einfach gefährlich; davon abgesehen sollten Sie ihn ohnehin nie allein im Auto lassen (siehe S. 37).

- Zählt Ihr Russell zu den Autoverrückten, muss er im Auto in die Box (siehe S. 37).
- Fühlt er sich dort wohl, setzen Sie sich neben ihn und lassen irgendeinen Freund am Auto vorbeigehen; lenken Sie den Hund mit einem Quietschspielzeug ab.
- Kläfft er den Passanten an, ignorieren Sie ihn und belohnen Sie ihn nicht. Beachten Sie ihn nur, wenn er ruhig bleibt!
- Bleibt er schließlich verlässlich ruhig, wenn jemand vorbeigeht, lassen Sie die Leckerchen immer öfter weg, gehen Sie vermehrt zu lobenden Worten über.
- Nehmen Sie ihn auf kurzen Fahrten mit, loben Sie ihn, wenn er ruhig ist und sich gesittet benimmt.
- Kümmern Sie sich nicht um ihn, wenn er Krach macht. Wenn Sie ihn anschreien, er solle ruhig sein, wird es nur noch schlimmer! Ihr kluger Kleiner glaubt nämlich, auch Ihr »Gebell« solle die vorübergehende Bedrohung verscheuchen. Seine Aufregung wird noch größer, er bellt noch wilder und wütender, um die Gefahr abzuwenden.

Der Postbote

Einen Russell muss man kaum zur Wachsamkeit ermuntern. Er ist so neugierig, dass er sich den besten Platz am Fenster sucht und meldet, wenn jemand kommt oder am Haus vorbeigeht. Bis zu einem gewissen Grad gibt das ein gutes Gefühl der Sicherheit, es kann aber ausgesprochen lästig sein, wenn der Hund selbst in der harmlosesten Situation eine Gefahr wittert – zum Beispiel, wenn der Briefträger naht.

Am besten beugt man diesem übertriebenen Verhalten vor, indem man schon dem jungen Welpen zeigt, dass das Tun des Briefträgers nichts Schlimmes bedeutet. Spielen Sie mit ihm oder lenken Sie ihn mit einem Leckerchen ab, sobald sich der Mann in Uniform nähert, dann kann er ihn über kurz oder lang mit Sicherheit kaum mehr erwarten. Dazu ist es hilfreich, alle »Aussichtsplätze« für ihn unerreichbar zu

Wachsam, wie er ist, schießt er manchmal übers Ziel hinaus. Foto: Melissa Dailey

machen und so seinen Verteidigungsdrang in Grenzen zu halten.

Es mag ja lustig aussehen, wenn Ihr Russell wie ein Gummiball am Briefkasten hoch springt, der Briefträger, der um seine Finger fürchten muss, dürfte jedoch kaum begeistert sein. Außerdem ist es gar nicht prickelnd, wenn wichtige Briefe angekaut werden!

»Lenken Sie seine Aufmerksamkeit auf appetitliche Leckerchen.«

Es ist leicht nachvollziehbar, warum ein Hund den Postboten attackiert: Ein Eindringling nähert sich dem Haus, macht sich an der Haustür zu schaffen, wird aber durch drohendes Gebell, Knurren und Schnappen am Briefkasten in die Flucht geschlagen. Er hinterlässt fremd riechende Papiere und versucht es jeden Tag aufs Neue – das geht nicht! So sieht's jedenfalls der Hund.

Es dürfte nicht leicht sein, ihn davon abzubringen, denn in seinen Augen funktioniert das Ganze doch bestens – tagtäglich.

Überlegen Sie gut, wie Sie reagieren – davon hängt nämlich ab, ob sein Verhalten noch schlimmer wird – ein Teufelskreis, der nur schwer zu durchbrechen ist. Ein Beispiel: Wenn Sie ihn ausschimpfen, glaubt er, auch Sie wollten den Briefträger verscheuchen, und verteidigt sein Territorium umso heftiger. Sie bekommen Angst, schon wenn sich der Ärmste nähert und werden nervös in Erwartung des Auftritts Ihres Russells. Der merkt das natürlich – und regt sich umso mehr auf!

Schützen Sie den Briefschlitz innen an der Haustür zunächst mit einem zusätzlichen Metallgitter (oder ähnlichem). Dann sind zumindest Ihre Post und die Finger des Briefträgers sicher, das ist der erste Schritt.

Nun müssen Sie das Problem in den Griff bekommen. Grundvoraussetzung ist, dass Sie stets ruhig bleiben und die Wachsamkeit Ihres »Schutzhundes« schlicht und einfach ignorieren. Im Idealfall können Sie ihn davon abhalten, zur Tür zu flitzen und zu bellen, aber es wird nicht leicht, vor allem, wenn es ihm schon zur lieben Gewohnheit geworden ist. Versuchen Sie's trotzdem: Ungefähr fünf Minuten, bevor der Briefträger kommt, gehen Sie mit dem Hund zum Spielen in den Garten, bis er wieder weg ist. Er muss vollkommen abgelenkt sein.

Verfahren Sie so eine ganze Woche lang. Dann tun Sie das Gleiche in einem Zimmer weit weg von der Haustür. Hört Ihr Russell den Briefträger und fängt an zu bellen, stoppen Sie sofort das Spiel und wenden sich ab, so dass nicht einmal mehr Augenkontakt bleibt. Spielen Sie nur dann weiter, wenn er sich ruhig verhält. Und das Spiel muss wirklich ganz besonders spaßig und aufregend sein – jedenfalls interessanter als das Spiel, den Briefträger in die Flucht zu schlagen!

Falls das Ganze auch im Hinterzimmer funktioniert, versuchen Sie's im Zimmer direkt neben dem Briefkasten auf die gleiche Weise. Ignoriert er die Post auch dort, setzen Sie sich mit ihm neben den Briefkasten, bis der Briefträger gegangen ist. Geben Sie ihm die ganze Zeit appetitliche Leckerchen, damit er sich auf Sie konzentriert. Er bekommt sie, wenn er ruhig ist

– macht er Krach, geht er leer aus! Zeigen Sie ihm durch Loben und Streicheln, dass Sie sich über sein gutes Benehmen freuen.

Geben Sie keinesfalls auf, irgendwann zahlt sich die Mühe aus. Wenn nicht, sollten Sie professionellen Rat suchen.

Hat Ihr Parson Russell etwas Interessantes entdeckt, ist alles Erlernte plötzlich vergessen.

»Komm!«

Es ist schon unangenehm, wenn der Welpe nicht auf Zuruf kommt, beim Halbstarken wird es dann zum echten Problem. Die Welt ist so interessant und voll verlockender Düfte, da wird mancher Russell einfach taub, wenn sein Herrchen ruft!

Ich kenne einen Fall, in dem eine Russell-Besitzerin stundenlang im Wald nach ihrem verschwundenen Hund gerufen und gesucht hat – bis sie sich an einen guten Rat erinnerte: Man solle ein Kleidungsstück da liegen lassen, wo der Hund zuletzt gesehen wurde. Genau das tat sie. Als sie später zurückkehrte, lag der Treulose tief schlafend auf ihrem Mantel.

Auch wenn Ihnen das nie passiert: Einen Russell von der Leine zu lassen, kann leicht zur Katastrophe führen – vor allem, wenn er auf die Straße läuft. Sie ersparen sich manche Sorge (und abgelaufene Schuhsohlen), wenn er das Kommando »Komm« absolut sicher beherrscht.

Arbeiten Sie schon daran, wenn Ihr Welpe noch klein ist (siehe Kapitel 3), und üben Sie lebenslang immer wieder mit ihm.

Vergessen Sie nicht: Das Wichtigste ist, dass Sie immer der Mittelpunkt seines Interesses sind – selbst um 6 Uhr morgens bei scheußlichem Regenwetter müssen Sie Begeisterung und Freude ausstrahlen, so dass Ihr Kleiner gern zu Ihnen kommt.

Russells sind bekanntermaßen sehr klug und merken schnell, dass sie meist dann gerufen werden, wenn sie an die Leine sollen, weil's nach Hause geht. Also kommen sie häufig nicht, weil so der Spaziergang länger wird!

Ihre Tasche sollte stets genügend Leckerchen enthalten. Rufen Sie den Hund während des Ausgangs immer wieder zu sich und geben Sie ihm eines. Auch ein Quietschspielzeug tut gute Dienste! Quietschen Sie damit, um ihn herbeizulocken, dann spielen Sie mit ihm. Er merkt schon bald, dass es sich lohnt, auf Zuruf zu kommen, weil es nicht unbedingt das Ende der Freiheit bedeutet. Füttern Sie ihn vorher nicht – der Hunger steigert seine Begierde nach Leckerchen.

Zeigen Sie ihm auch, dass Sie nicht immer auf ihn warten, wenn er wegläuft. Rennen Sie selbst einfach weg, verstecken Sie sich hinter einem Baum – zeigen Sie ihm, dass er ein Auge auf Sie haben und in Ihrer Nähe bleiben muss, um Sie nicht zu verlieren.

Wenn aber trotz aller Bemühungen der Jagdinstinkt Ihres Russells zu stark ist und er grundsätzlich vergisst, was er gelernt hat, dürfen Sie ihn nur an der langen Leine führen. Wenn überhaupt, kann nur ein Profi helfen.

Aggressionsverhalten

Ein Russell aus sorgfältig ausgewählter Zuchtlinie, der artgerecht aufgezogen und bestens sozialisiert worden ist, darf nicht aggressiv sein – auch wenn den Rassen ein anderer Ruf anhängt. In der Jagdmeute hatten diese Hunde miteinander und mit ihren Menschen gut auszukommen; ein Hund, der nach seinem Führer schnappte, war ebenso unbrauchbar wie einer, der sich lieber mit seinen Artgenossen anlegte, statt sich auf die Jagd zu konzentrieren. Solche Hunde wurden eliminiert oder jedenfalls nicht zur Zucht eingesetzt – der verlässliche Jagdhund war oberstes Zuchtziel.

Parson Russells müssen mit Artgenossen und mit Menschen gut auskommen. Aggressivität ist tabu!

Leider hat die steigende Beliebtheit der Rassen dazu geführt, dass einige verantwortungslose Züchter Hunde mit schlechter Wesensveranlagung gezüchtet haben, die dem Ruf der Rasse nicht gut getan haben.

Zeigt Ihr Russell irgendwelche Anzeichen von Aggressionsverhalten vor allem gegenüber Menschen, müssen Sie umgehend einen Fachmann bemühen. Aggression ist – bei jedem Hund – ein ernstes Problem, das im schlimmsten Fall darin endet, dass Menschen gebissen und der Hund eingeschläfert wird. Vor allem vergelten Sie Aggression nie mit gleichen Mitteln – das erschwert die Sache. In jedem Fall gehört Ihr Hund beim geringsten Anzeichen in die Hand eines Fachmanns.

Kastration

Problemverhalten hat nicht immer hormonelle Ursachen, machen Sie sich keine Illusionen, obwohl die Idee verlockend scheint. Ihr Hund als unschuldiges Opfer des Testosterons! Häufig ist es aber die Folge des falschen Umgangs mit dem Hund. Dennoch könnte die Kastration hilfreich sein, wenn auch Ihr Tierarzt meint, die Hormone würden Ihren Russell zum Hooligan machen.

Wenn Sie nicht mit ihm züchten wollen, sollten Sie seine Kastration in Erwägung ziehen. Foto: Melissa Dailey

Die Kastration sollte übrigens in jedem Fall erwogen werden, wenn ein Hund weder ausgestellt noch in die Zucht soll. Sie hat sogar gesundheitliche Vorteile: Eine Hündin ohne Gebärmutter kann keine Pyometra – die lebensbedrohende Gebärmuttervereiterung – bekommen, außerdem neigt sie weniger zu Mammatumoren. Beim Rüden werden Prostataleiden reduziert.

Manche Hündinnenbesitzer beklagen eine deutliche Gewichtszunahme bei ihrer kastrierten Hündin, aber das ist mit etwas Disziplin sicher in den Griff zu bekommen. Inkontinenz wird bei älteren kastrierten Hündinnen gelegentlich beobachtet, aber auch nicht kastrierte können im Alter inkontinent werden.

Einige Tierärzte kastrieren Hunde und Katzen schon im Alter von 18 Wochen, damit sie gar nicht erst markantes Geschlechtsverhalten entwickeln; andere warten lieber, bis der Rüde geschlechtsreif ist bzw. die Hündin einmal läufig war, damit sie später einen »erwachsenen« Hund mit ausgereiften Instinkten haben.

Besprechen Sie vertrauensvoll mit Ihrem Tierarzt, wozu er Ihnen rät – Kastration oder nicht, und wenn ja, in welchem Alter.

Kapitel 5

Der Familienhund

Als energiegeladener Spaßvogel lebt Ihr Russell auf der Überholspur – deshalb können Sie mit ihm als Begleiter das Wort »Langeweile« aus Ihrem Wortschatz streichen. Ihre Aufgabe ist es, sein sprühendes Temperament in geordnete Bahnen zu lenken – damit Ihr Leben mit einem lebhaften Begleiter, der sich zu benehmen weiß, zur reinen Freude wird.

Trautes Heim, Glück allein

Ein Russell blüht auf, wenn er am Familienleben voll beteiligt sein darf; er liebt das geschäftige Treiben seines menschlichen Rudels um sich herum. Er ist, wie schon gesagt, der typische »neugierige Nachbar«, der aufmerksam beobachtet, was sich rund ums Haus tut, und vor jedem Eindringling warnt. Wenn er sich tagsüber genug austoben konnte, ist es abends sein größtes Glück, sich im Kreis seiner Lieben zusammengerollt ausruhen zu können. In vielerlei Hinsicht ist er der ideale Spielkamerad für die Kinder, die mit ihm aufwachsen können. Sehen Sie das aber nicht als Selbstverständlichkeit an – er braucht den festen, konsequenten Umgang, damit er Autorität respektiert. Nicht alle Kinder sind dazu in der Lage! Halten Sie sich an die Übungen aus Kapitel 3, damit das Kind-Hund-Verhältnis von Beginn an eine gute Basis hat.

Ihr Russell ist am liebsten bei Ihnen, wohin Sie auch gehen, er muss aber auch allein zu Hause bleiben können! Lassen Sie ihn nicht länger als einige Stunden allein, versorgen Sie ihn mit genügend Kauspielzeug, damit er beschäftigt ist. Ein gelangweilter Russell kommt schnell auf dumme Gedanken; Sie glauben nicht, wie weit seine Phantasie reicht!

Gewöhnen Sie schon den Welpen daran, für kurze Zeit allein gelassen zu werden, dann wartet er geduldig auf Ihre Rückkehr. Trennungsangst ist schlimm für Hund und Besitzer und gipfelt oft in Zerstörungswut. Sie ist fast immer die Folge der mangelnden Gewöhnung ans Alleinsein.

ZWEI KINDER UND EIN HUND

Diane Cain, Mutter von 2 Kindern, fand, dass eine Familie ohne Hund nicht vollständig sei, und holte Abbey, eine kleine Parson Russell Hündin, ins Haus.

»Ich wollte einen gesunden, verspielten, klugen Hund fürs Haus, der nicht zu viele Kosten verursachte (kein teures Trimmen), gut mit Kindern war, und den man überall hin mitnehmen konnte. Nach einiger Lektüre verliebte ich mich in den Parson Russell Terrier.

Wir holten den Welpen, als Cassi, meine älteste Tochter, sieben war. Sie hatte sich lange einen Hund gewünscht; wollte die Verantwortung übernehmen und sich um ihn kümmern. Und sie lernt schnell!

Ich selbst hatte als Kind einen Irish Setter, einen Deutsch Kurzhaar, Rennmäuse, Meerschweinchen, Fische, einen Sittich und dazu noch Pferde, für die ich eine besondere Schwäche hatte. Im Winter musste ich jeden Morgen vor der Schule durch den dicken Schnee stapfen, um die Pferde zu füttern, sie zu pflegen und zu bewegen und darauf zu achten, dass ihr Trinkwasser nicht gefror. Zu jener Zeit war ich im Teenageralter und so pferdeverrückt, dass ich keine Mühen scheute, die ihre Haltung mit sich brachte – mein Motto war: Ganz gleich was für ein Haustier ich habe, die Verantwortung dafür liegt bei mir, und wenn ich es vernachlässige, werde ich einen echten Freund verlieren.

Ich glaube, ein Haustier spielt eine wichtige Rolle in der Entwicklung von Kindern. Meine Tochter steht jeden Morgen auf und lässt Abbey aus ihrer Box, füttert sie und spielt mit ihr, bis sie zur Schule muss.

Durch Abbey lernen die Kinder verantwortungsvolles Verhalten. Foto: Diane Cain

Als Welpe war Abbey ein echtes Energiebündel. Anfangs rannte sie ununterbrochen hinter Cassi her, ihr größter Spaß war, an ihr hochzuspringen und sie in die Hacken zu kneifen. Der Spaß wurde aber spätestens dann einseitig, wenn die spitzen Welpenzähnchen sich in Cassis Haut gruben ... Also gab ich Cassi einige Verhaltensregeln, die sie einhalten sollte:

1. Wenn Abbey anfängt, in deine Füße zu beißen, sagst du »Nein« und gibst ihr eins ihrer Spielzeuge zum Kauen.
2. Wenn sie irgendetwas annagt, das ihr nicht gehört, sagst du »Nein« und ... s.o.
3. Abbey sollte nur in ihrer Box schlafen.
4. Bevor du das Haus verlässt, muss Abbey zurück in die Box.
5. Auf Autofahrten muss Abbey immer in ihre Box.

Die Box ist keine Bestrafung, sondern dient der Sicherheit aller Beteiligten. Sie ist Abbeys Schlafzimmer! Immer wenn wir jemanden besuchen, nehmen wir sie in der Box mit, das gibt ihr auch in fremder Umgebung Sicherheit und Wohlempfinden. Der Russell ist sehr intelligent, muss aber seine Grenzen kennen. Er braucht ebenso viel Disziplin wie ein Kind! Er muss wissen, was »Nein« heißt. Stellen Sie deshalb die Regeln auf – sonst beherrscht er Sie.«

Doppeltes Vergnügen

Irgendwann, wenn Ihr Russell ausgewachsen ist, haben Sie vielleicht die Idee, sich einen zweiten Hund anzuschaffen. Einem gut aufgezogenen, gut sozialisierten Hund macht das gar nichts; Sie sollten sich aber dennoch gut überlegen, welche Kombination die beste für Sie ist.

Obwohl zwei Russells gleichen Geschlechts durchaus problemlos zusammenleben können, gibt es auch andere Fälle. Fangen zwei Russells an zu streiten, droht Ärger! Stur, wie die Rasse sein kann, gibt keiner nach, und der Friede ist nur mit Mühe wieder herzustellen – wenn überhaupt. Im schlimmsten Fall muss der verstörte Besitzer die Hunde getrennt halten oder einen der beiden sogar abgeben.

Viel sicherer ist es, von vornherein einen Rüden und eine Hündin zusammen zu halten, obwohl das natürlich Vorsichtsmaßnahmen zur Verhinderung ungewollten Nachwuchses bedeutet. Hier macht die Kastration eines der beiden wirklich Sinn!

Russells aus zweiter Hand

Es ist eine traurige Tatsache, dass mit steigender Beliebtheit immer mehr Hunde einer Rasse im Tierheim landen. Colette Kase, Mitarbeiterin einer Vermittlungsstelle für Russells in Not, beklagt, dass zu viele Leute einen Russell aus den falschen Gründen anschaffen; dass weniger Hunde im Tierheim landeten, wären die Käufer vorher besser über Wesen und Bedürfnisse der

Rüde und Hündin leben problemlos zusammen.

Russells brauchen viel Bewegung.

Rasse informiert. »Russell Terrier sind lustig und unterhaltsam, dabei voll Energie und Intelligenz; deshalb brauchen sie einen Herrn mit Hundeerfahrung,« sagt sie. »Sie brauchen jemanden mit viel Zeit für gemeinsame Aktivitäten. Manche Stadtmenschen entscheiden sich für den Russell wegen seiner handlichen Größe, er ist aber eigentlich ein Arbeitshund, der sich in der Natur am wohlsten fühlt, und auch der Familienhund braucht jede Menge Auslauf und Training. Ideal für den Russell sind junge Leute, die viel laufen.«

Hunde aus zweiter Hand haben nicht aus eigenem Verschulden ihr Zuhause verloren, das darf man nicht vergessen. Viele sind Scheidungswaisen oder kommen nach dem Tod ihrer Besitzer ins Tierheim. Oft haben sie ein hervorragendes Temperament; es waren schlicht tragische Umstände, die ihr Schicksal bestimmten.

Russells sind sehr anpassungsfähig und leben sich in der Regel schnell im neuen Heim ein. Dennoch sollten ihnen ihre neuen Menschen mit besonders viel Liebe, Geduld und Verständnis begegnen.

Seiner Familie ist der Russell treu ergeben – wie schlecht man ihn auch behandelt. Es kann einem schon ans Herz gehen, wenn ein Hund alle Lebensfreude verloren hat, weil er seiner ehemaligen Familie nachtrauert! Geben Sie ihm etwas Zeit und viel Liebe, dann dauert es nicht lange, und er bringt Ihnen ebenso viel Vertrauen und Treue entgegen.

DIRTY HARRI

Niemand kennt Harris Geschichte genau. Sicher ist nur, dass der zwei Jahre alte Parson Russell als Welpe verlassen wurde und die ersten 18 Monate seines Lebens auf einer Müllhalde lebte, die er täglich nach Essbarem durchsuchte, um überleben zu können. Er war mager, schmutzig und hatte ein gebrochenes Bein, dennoch gelang es ihm immer wieder, den Mitarbeitern der nationalen britischen Tierschutzorganisation zu entkommen. Schließlich erwischten ihn Müllarbeiter und brachten ihn ins Tierheim, wo er liebevoll medizinisch versorgt wurde. Leider war Harris Lauf nicht mehr zu retten und wurde amputiert; er ließ sich aber hierdurch nicht bremsen, wie seine neue Besitzerin, Debra Confrey, berichtet.

Harri wurde schon als Welpe ausgesetzt und hat jetzt ein liebevolles Zuhause. Foto: Debra Confrey

»Harri hatte auf der Halde so lange wie ein Wildhund gelebt, dass er sehr scheu war. Die Müllarbeiter warfen ihm Futter hin, aber sie durften ihm nicht nahe kommen. Auch heute wird er bei manchen Menschen noch nervös, vor allem bei großen Männern. Dennoch erstaunte er nach seiner Ankunft im Tierheim alle durch seine Lebensfreude; er konnte gar nicht genug Küsschen und Streicheleinheiten bekommen.

Als mein Mann meinem Wunsch, einen Hund anzuschaffen, zustimmte, gingen wir ins Tierheim. Harri war der zweite Hund, den wir sahen. Er kam wedelnd zu uns, und ich verliebte mich auf der Stelle in sein schelmisches Grinsen. Erst als er weghüpfte, merkte ich, dass er nur drei Beine hatte!

Harri hatte vier Monate im Heim verbracht. Viele Leute hatten Interesse an ihm, weil in der Zeitung groß über ihn berichtet worden war, aber die meisten wurden wohl doch von seinem amputierten Bein abgeschreckt, vielleicht, weil sie fürchteten, er sei behindert.

Harri war nicht stubenrein, aber schon nach zwei Tagen hatte er begriffen, was von ihm erwartet wurde, und seitdem ging nichts mehr daneben.

In den ersten Monaten führte ich ihn stets an der Leine, die Gefahr war einfach zu groß, dass sein Trieb, wegzulaufen, wieder durchkam. Ich besuchte deshalb mit ihm regelmäßig Gehorsamstraining, und obwohl es harte Arbeit war – am Ende hatten wir beide, Harri und ich, viel gelernt.

Ganz wichtig war auch Harris Gewöhnung an sein neues Leben; deshalb nahm ich ihn vom ersten Tag an überall hin mit, damit er so viele neue Erfahrungen machte wie möglich.

Das letzte Problem, das es zu lösen galt, waren Harris Gewicht und seine Gesundheit.

18 Monate lang Selbstversorger, dann die Beinamputation, danach vier Monate langes Warten im Zwinger auf ein neues Zuhause – er war viel zu dünn.

Zuerst musste ich ihn ständig ermuntern, zu fressen, aber nach ein paar Wochen begann er, zuzunehmen, seine Muskulatur entwickelte sich, seine Gesundheit und der Allgemeinzustand verbesserten sich enorm.

Harri hat sich phantastisch erholt, er ist jetzt total fit. Mein glücklichster Moment mit ihm war, als er zum ersten Mal die Ohren zurücklegte, die Nase im Wind, und frei durch den Park flitzte – ohne jede Angst, jemals wieder verlassen oder bedroht zu werden.«

Der erwachsene Hund

Das Füttern

Russells sind in der Regel keine mäkeligen Fresser, deshalb sollte es kein Problem sein, ein Futter zu finden, das Ihr Hund mag. Bedenken Sie aber, dass seine Ernährungsbedürfnisse je nach Alter und Lebensstil unterschiedlich sind. Ein aktiver Junghund braucht anderes Futter als ein älterer, ruhiger. Eine Hündin mit Welpen braucht viel mehr Kalorien als normal. Viele Futterhersteller bieten Fertigfutter für alle unterschiedlichen Lebensalter und -bedürfnisse an.

Fertigfutter ist eine große Hilfe und gibt Sicherheit. Es ist in verschiedenen Formen auf dem Markt, und es ist Ihnen überlassen, wozu Sie sich entscheiden. Am besten, Sie fragen Ihren Züchter, wozu er Ihnen rät!

Fettleibigkeit macht krank, deshalb stellen Sie seinen Speisezettel sorgfältig zusammen.

Das Idealgewicht

Bei keiner Rasse ist das ideale Körpergewicht in einer allgemeingültigen Zahl festzulegen – das Gewicht, das für den einen Hund als ideal anzusehen ist, kann den anderen zum Schwer- oder Leichtgewicht werden lassen, je nach Konstitutionstyp, Größe und Knochenstärke des jeweiligen Rasseexemplars (um nur einige Faktoren zu nennen, die hier eine Rolle spielen). Der Standard des Parson Russell Terriers enthält keine Angabe über das erwünschte Körpergewicht, der Jack Russell soll ungefähr 1 kg pro 5 cm Schulterhöhe wiegen.

Fettleibigkeit beeinträchtigt (bei Hund und Mensch) die Lebensqualität und macht krank; halten Sie sich das stets vor Augen, wenn Sie dem schmachtenden Blick Ihres Hundes kaum widerstehen können! Wenn er aber schon zu dick ist, müssen Sie schleunigst gegensteuern.

Auslauf und Bewegung

Ihr Russell ist für sein Leben gern im Freien, der tägliche Spaziergang ist der Höhepunkt in seinem Tagesablauf. Als Faustregel sollte ein Russell zweimal täglich ungefähr eine halbe Stunde frei laufen können; einige brauchen mehr, andere weniger. Was Ihrer benötigt, müssen Sie selbst herausfinden. Überfordern Sie ihn nicht! Stur wie er ist, gibt er nicht auf – lieber rennt er den ganzen Tag, bevor er zugibt, dass er müde ist. Es gibt Meinungen, dass es Tierquälerei sei, einen geborenen Jagdhund wie den Russell Terrier in der Stadt zu halten. Das trifft nicht zu: Heute gibt es in fast allen Städten mehr Möglichkeiten, dem Hund Bewegung zu

Bewegen Sie Ihren Russell. Anpassungsfähig, wie er ist, nimmt er den Auslauf, wo und wie er ihn bekommt.

Foto: Diana Eaton

Foto: Cynthia Bliven

Foto: Sue Porter

Foto: Rani MorningStar

Foto: Mary Strom

verschaffen, als auf dem Land, wo die meisten Flächen landwirtschaftlich genutzt werden oder freilaufende Hunde im Wald verboten sind. Wo auch immer Sie ihn laufen lassen: Die Umgebung darf keine Gefahren für ihn bergen.

Zwischen den Spaziergängen gönnen Sie ihm und sich selbst die Freude eines Spiels im eingezäunten Garten; damit sollte sein tägliches Bewegungsbedürfnis gestillt sein.

Seien Sie auch darauf gefasst, dass Ihr Russell enorme Grabequalitäten entwickelt. Dieser Instinkt ist ihm angeboren und hinterlässt möglicherweise auch in Ihrem Blumenbeet unübersehbare Folgen. Dies ist auch einer der Gründe, warum der Gartenzaun nicht nur hoch genug, sondern auch tief genug im Boden verankert sein muss – die kleinste Lücke veranlasst ihn, sich einen Tunnel in die Freiheit zu graben. Überlassen Sie ihm ein Stückchen Garten, wo er seinen Grabedrang nach Herzenslust austoben kann, belohnen Sie ihn, wenn er's dort tut, in allen anderen Fällen ertönt ein strenges »Nein«. Der Zaun sollte sicherheitshalber mindestens zwei Meter hoch sein, denn Russells sind geschickte Kletterer – sie springen, so hoch sie können, und überklettern den Rest mit Leichtigkeit.

Die Fellpflege

Sowohl Parson als auch Jack Russells sind recht pflegeleicht; ihr Fell soll nicht gestylt werden, sondern ihnen vor allem bei jeder Betätigung und jedem Wetter Schutz bieten. Um es in die hierzu nötige gute Kondition zu bringen, bedarf es dennoch einigen Aufwands.

Unter der Erde muss doch etwas zu finden sein!

Baden

Russells machen sich liebend gern schmutzig. Mit Vorliebe stürzen sie sich in Schlammlöcher, um als Sumpfmonster wieder aufzutauchen! Zum Glück macht ihr Haar das problemlos mit; in der Regel lässt sich der getrocknete Schmutz spielend leicht ausbürsten.

Zu häufiges Baden macht das Haar jedoch weich – sehr unerwünscht! Manchmal ist ein Bad aber unumgänglich, da muss man den Tatsachen ins Auge sehen. Einige Russells lieben Wasser, andere nicht, wenn Sie Ihren Kleinen aber von klein auf ans Baden gewöhnt haben (Leckerchen erweisen sich auch hier als überaus hilfreich!), sind mühsame Ringkämpfe nicht notwendig.

Ein kleiner Hund wie der Russell passt mühelos in ein Waschbecken, was Ihrem Rücken besser tut, als sich über die Wanne zu beugen. Legen Sie eine Gummimatte hinein, damit er nicht ausrutscht. Feuchten Sie das Haar an, aber den Kopf immer zuletzt – viele Hunde mögen es nicht, wenn er nass wird. Benutzen Sie ein gutes Hundeshampoo und spülen Sie gründlich nach. Manchmal muss das Ganze wiederholt werden, damit der Hund wirklich sauber wird.

Rubbeln Sie ihn gründlich trocken; wenn es schnell gehen soll, hilft ein nicht zu heiß gestellter Föhn.

Bürsten

Am besten eignet sich eine Bürste mit feinen Drahtborsten, die in einem Gummibett befestigt und somit beweglich sind. Bürsten Sie mindestens einmal wöchentlich, bei starkem Haaren

Gründliches Bürsten zweimal die Woche hält Haar und Haut gesund.

jeden Tag. Vergessen Sie die schlecht zugänglichen, empfindlichen Körperteile (z.B. Bauch und »Achselhöhlen«) nicht, und gehen Sie wirklich bis auf die Haut – auch die dichte Unterwolle muss gebürstet werden!

Sind so alle Knoten entfernt, arbeiten Sie mit einem feingezahnten Kamm nach, damit auch die letzten losen Haare und Knötchen ausgehen.

Zupfen

Terrier mit rauem, doppeltem Haar müssen mit der Hand getrimmt werden, d.h. das lose, überständige Deckhaar wird ausgezupft. Das tut dem Hund nicht weh – vorausgesetzt, Sie rupfen sanft tatsächlich nur das tote Haar aus. Bereitet das Zupfen Mühe, sitzt das Haar noch zu fest – warten Sie noch einige Tage und versuchen Sie es dann noch einmal.

In der Regel ist ein Trimming im Frühjahr zur Zeit des Haarwechsels fällig, manche Hunde müssen aber öfter getrimmt werden. Es dauert ungefähr zwei Monate, bis das neue Haar nach dem Trimmen nachgewachsen ist.

Bevor Sie sich ans Werk machen, sehen Sie sich genau an, an welchen Körperteilen das Haar besondere Aufmerksamkeit benötigt. Bei manchen Russells muss zum Beispiel unter den Augen kaum etwas weggetrimmt werden.

- Bürsten Sie das Haar gründlich sowohl mit der Wuchsrichtung als auch dagegen.
- Reiben Sie etwas Kreide ins Haar, um es griffiger zu machen, und bürsten Sie es auf.
- Fassen Sie die einzelnen Haarspitzen zwischen Daumen und Zeigefinger (oder

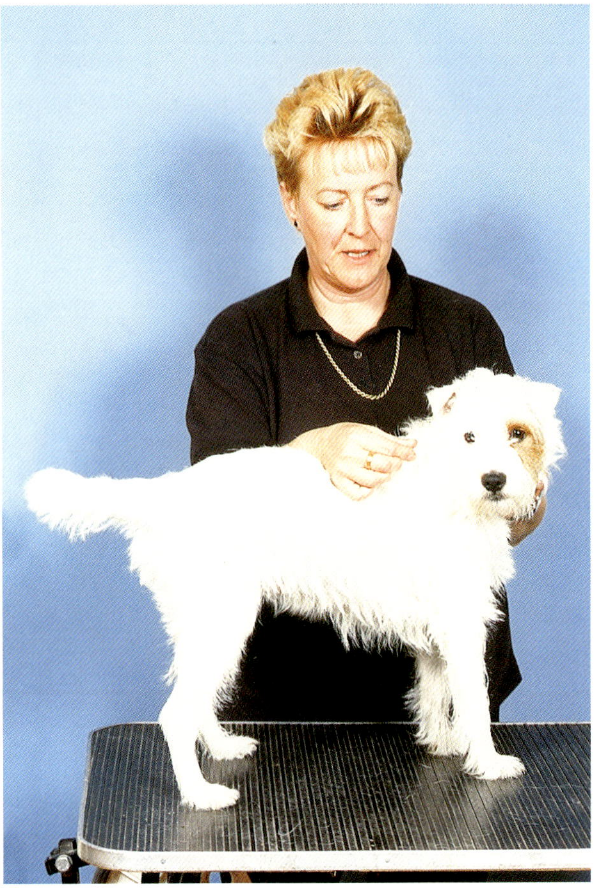

Das überstehende Haar wird mit Daumen und Zeigefinger ausgezupft. Es tut nicht weh!

Trimmmesser) und ziehen Sie sie in Wuchsrichtung heraus.
- Arbeiten Sie so auf dem ganzen Körper, und vergessen Sie auch Rute, Läufe, Pfoten und Gesicht nicht.
- Verwenden Sie an Kopf und Pfoten eine kleine Drahtbürste.
- Kürzen Sie die Haare rund um die Pfoten und beim Rüden rund um den Penis!
- Zum guten Schluss bürsten Sie noch einmal gründlich durch, damit kein abstehendes Haar zurückbleibt.
- Manchmal empfiehlt sich ein Bad mit einem milden antibakteriellen Shampoo, um die durch das Trimmen gereizte Haut zu beruhigen; meist ist dies aber überflüssig.

Wenn Sie Ihren Hund nicht ausstellen wollen, können Sie sein Haar natürlich auch abscheren – dadurch verändern sich aber mit der Zeit die harsche Struktur und manchmal auch die Farbe.

Pflegeroutine

Rundumchecks

Ihr Russell ist vermutlich nach jedem Spaziergang übersät von Kletten und Grassamen, untersuchen Sie sein Fell also gründlich. Achten Sie besonders auf die Pfoten – Dornen und Grassamen können sich tief zwischen die Ballen graben. Russells stürzen sich Hals über Kopf in alles Neue, deshalb sind ihre Augen besonders gefährdet. Entfernen Sie Ausfluss mit einem feuchten Wattebausch oder Papiertuch.

Bei der Kontrolle von Haut und Haar bleiben Ihnen auch die Anzeichen für eventuellen Parasitenbefall nicht verborgen (siehe Kapitel 9).

Ohren

Kontrollieren Sie regelmäßig die Ohren Ihres Hundes, verwenden Sie bei Bedarf einen milden Ohrreiniger. Ständiges Kopfschütteln oder Kratzen am Ohr, verbunden mit unangenehmem Geruch, deuten auf Entzündungen oder Milben hin.

Die Krallen müssen mit der Zange gekürzt werden, falls sie sich nicht von allein abnutzen.

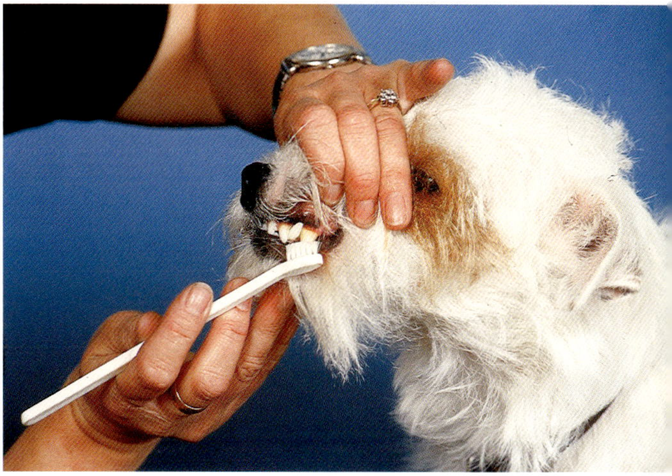

Regelmäßiges Putzen hält Zahnfleisch und Zähne gesund.

Krallen

Die Krallen sollten stets kurz sein. Ein Hund, der viel Bewegung auf jedem Untergrund hat, wetzt seine Krallen in der Regel von selbst ab; dennoch ist regelmäßige Kontrolle angezeigt, vor allem, wenn Ihr Hund schon im Seniorenalter ist. Bei Bedarf können Sie die Krallen mit einer speziellen Krallenzange kürzen – Vorsicht, schneiden Sie nicht ins »Leben«, das ist zwar nicht gefährlich, aber blutet stark und tut weh.

Zahnpflege

Die Zähne sollten regelmäßig gereinigt werden, für frischen Atem und gegen Karies – die beste Art, um Zahnproblemen im Alter vorzubeugen. Eine echte Verbesserung der Lebensqualität Ihres Vierbeiners!

Verwenden Sie hierfür eine Zahnbürste oder eine Fingerbürste. Es gibt sogar Hundezahnpasta mit Fleischgeschmack – die sollte sogar die stärkste Gegenwehr besiegen.

Der Herbst des Lebens

Russells bleiben in der Regel ihr ganzes Leben lang kindlich-verspielt. Irgendwie scheint es bei dieser Rasse kein Zwischending zu geben – nur Welpenalter und Seniorenalter. Und selbst im Herbst ihres Lebens denken die meisten Russells gar nicht daran, »in Würde« zu altern.

Gerade weil Ihr Hund seinem Alter kaum Tribut zollt, müssen Sie sich um seine veränderten Bedürfnisse kümmern. Er braucht nun etwas weniger Bewegung und Futter, dafür mehr Wärme. Vermutlich will er genauso viel laufen und fressen wie vorher, deshalb liegt es an Ihnen, darauf zu achten, dass er sich nicht übernimmt.

Seine regelmäßige Pflege, vor allem der Zähne, darf auch jetzt nicht zu kurz kommen; achten Sie auch auf Hautveränderungen wie Knoten und Beulen und Verhaltensänderungen, wie zum Beispiel starken Durst.

Im Zweifelsfall ist eine Untersuchung beim Tierarzt ratsam!

Der alternde Jack Russell braucht besonders viel Zuwendung; tragen Sie dem Rechnung.

Ebenso wie seine körperlichen Bedürfnisse ändern sich nun auch seine emotionalen Ansprüche. Vielleicht ist er anderen Hunden gegenüber ungeduldiger und zeigt ihnen deutlich, wenn er seine Ruhe haben will. Ist er nicht auch liebebedürftiger und will immer öfter auf Ihrem warmen Schoß kuscheln? Tun Sie ihm den Gefallen!

Euthanasie

Als Hundebesitzer sind Sie dazu verpflichtet, für das Wohlbefinden Ihres Hundes zu sorgen. Das bedeutet auch, dass er nicht unnötig leiden darf! Wenn Ihr Russell sehr krank ist und ihm auch der fähigste Tierarzt nicht mehr helfen kann, ist es das Beste für ihn, seine Schmerzen zu beenden und ihn in Würde sterben zu lassen. Es

TERRIER GEBEN NIEMALS AUF

Di Collis verbrachte viele glückliche Jahre mit Bullet, ihrem Parson Russell, der sich stets weigerte, erwachsen zu werden.

»Ich bekam Bullet als Welpe, und bis zum Alter von neun Jahren alterte er überhaupt nicht,« sagt sie. »Dann wurde er nur etwas langsamer. Auf den Spaziergängen tat er alles, um mit den jüngeren Hunden mitzuhalten, und er war völlig durcheinander, wenn es ihm nicht gelang. Schließlich nahm ich ihn nicht mehr mit, wenn ich die Jungen ohne Leine laufen ließ. Terrier geben eben nie auf, sie wollen sich partout nicht bremsen.

Ich musste ihn genauso behandeln wie die anderen Hunde, sonst wurde er böse, aber ich tat alles, damit er sich nicht übernahm. Mein Mann hatte Bullet mit auf die Jagd genommen, und er war selbst im Alter todunglücklich, wenn er zu Hause bleiben musste. Russells fallen eher tot um, als zuzugeben, dass sie genug haben. Deshalb ist es so wichtig, dass man selbst mäßigend eingreift.«

Bullett begrüßt den Neuankömmling. **Foto: Di Collis**

wäre schlimm, wenn er leiden müsste, nur weil Sie ihn nicht gehen lassen wollen! Natürlich ist das Einschläfern eine schwere Entscheidung nach so vielen gemeinsamen Jahren engsten Zusammenlebens, der Verlust ist schwer erträglich – vor allem, wenn er Ihr einziger vierbeiniger Lebensgefährte war. Alles gerät aus dem Gleichgewicht, nichts ist mehr, wie es vorher war!

Aber auch zurückbleibende Vierbeiner sind verstört. Russells sind sehr treu und trauern sichtlich, wenn einer ihrer Kameraden das Rudel verlässt. Sie verweigern ihr Fressen und ziehen sich zurück.

Wenn dies bei Ihrem Hund der Fall ist und sich nicht nach einigen Tagen von selbst gibt, sollten Sie Ihren Tierarzt um Rat fragen. Übrigens hat sicherlich jeder volles Verständnis für Ihre Trauer!

EINE SCHWERE ENTSCHEIDUNG

Als erfahrene Tierärztin hat Laurel Pierson viele Tiere eingeschläfert, dennoch hat sie der Verlust ihres eigenen Russells, Tess, kurz nach dem Tod ihres Mannes sehr getroffen.

»Tess war eine süße kleine Hündin, die ungefähr 12 Jahre bei uns lebte und uns grenzenlose Liebe und Freude geschenkt hat. Sie musste vor vier Jahren wegen Leberversagens eingeschläfert werden.

Als sie vier war, blieb sie einmal zwei ganze Tage lang verschwunden. Als sie schließlich zurückkam, steckte eine Kaliber-22-Gewehrkugel in ihrer Schulter, und sie hatte eine Arsenvergiftung! Ihr Lebenswille war so groß, dass sie alles überstand. Die Vergiftung trug ihr Teil zu dem Leberversagen bei, das ihr Ende bedeutete.

Wir haben nie herausgefunden, wer ihr das angetan hatte. Die Kugel blieb übrigens bis zu ihrem Tod in ihrer Schulter!

Mein Mann starb vor fünf Jahren mit nur 49 Jahren an Diabetes. Tess war sein Sonnenschein! Er war die letzten beiden Jahre sehr krank, und Tess war ihm Freundin, Krankenschwester und Helferin. Sie wich höchstens für wenige Minuten von seiner Seite. Deshalb war es besonders schwer, sie zu verlieren: Sie war eines meiner letzten Bindeglieder zu ihm. Mein Trost ist, die beiden nun in einer besseren Welt vereint zu wissen.

Ich kann auf viele Jahre Tierarztpraxis zurückblicken und habe viele Hunde und Katzen selbst eingeschläfert. Es ist nie leicht, aber besonders schwer, wenn das Tier noch jung und gesund ist. Für alte, sehr kranke oder verletzte Tiere ist es aber ein Segen!

Ich entschloss mich, von Tess Abschied zu nehmen, als ihr Leben keine Qualität mehr hatte – sie konnte fast nichts mehr fressen, nicht mehr mit den Pferden rennen. Sie schaffte es kaum mehr mit mir zum Briefkasten! Sie hasste die Tierarztpraxis nach allem, was sie durchgemacht hatte, deshalb kam ein befreundeter Tierarzt ins Haus, so dass sie friedlich einschlafen konnte.

Ich wünschte, wir Menschen könnten so mitfühlend untereinander sein wie mit unseren Haustieren. Da Tess so ein außergewöhnlicher Hund war, werde ich nie wieder einen Parson Russell haben. Das würde mich zu stark an sie erinnern! Jetzt lebt ein Pit Bull-Labrador-Mischling aus dem Tierheim bei mir. Er heißt O.J. und ist einfach toll!

Ein geliebtes Tier einzuschläfern ist nie eine leichte Entscheidung, aber wenigstens kann es sein Leben in Würde beenden.«

Kapitel 6

Ungeahnte Möglichkeiten

Ihr Russell will beschäftigt werden, und es liegt in Ihrem eigenen Interesse, dafür zu sorgen, dass er geistig und körperlich ausgelastet ist und nicht auf dumme Gedanken kommt. Hat er die Grundkommandos gelernt (Kapitel 3), steht Ihnen vielleicht der Sinn danach, nach Höherem zu streben. Hier einige Möglichkeiten:

Der alltagstaugliche Begleithund

Jeder, der die Welpenerziehung und -sozialisierung seines Russell Terriers intensivieren möchte, kann Kurse mitmachen, in denen sein Hund unter fachmännischer Anleitung zum alltagstauglichen Begleiter wird. In England und den USA gibt es Ausbildungsprogramme, in denen sogar Auszeichnungen zu erringen sind; alle haben letztlich das eine Ziel: Der Öffentlichkeit wohlerzogene Hunde in der Hand verantwortungsbewusster Halter zu präsentieren. Dies geht nur, wenn sich der Hund auf Grund bester Sozialisierung und vernünftigen Trainings in allen möglichen Alltagssituationen angemessen und sicher verhält. Er muss unter anderem

- an lockerer Leine laufen, ohne zu ziehen,
- sich auch in einer Menschenmenge sicher bewegen,
- es zulassen, dass Fremde sich nähern und ihn anfassen,
- anderen Hunden instinktsicher begegnen,
- sich ohne Widerstreben anfassen und bürsten lassen,
- die Grundkommandos befolgen.

Wenn Sie Ihren Welpen, wie an anderer Stelle beschrieben, sozialisiert und erzogen haben, sollte ihm das Genannte nicht schwer fallen. Auch Hundevereine bieten entsprechendes Training für Hunde aller Alters- und Entwicklungsstufen an.

Agility

Agility (= »Wendigkeit«) hat sich zu einer der beliebtesten Hundesportarten der Welt entwickelt. Jeder Hund muss erfolgreich einen Par-

IMMER LANGSAM!

Jede Überanstrengung ist für noch nicht ausgewachsene Hunde nicht ungefährlich, da die noch weichen Knochen und die Gelenke Schaden nehmen könnten. Zum Schutz der Tiere wurde ein Mindestalter für Agility festgelegt.

cours von verschiedenartigen Hindernissen überwinden, und das fehlerlos in einer vorgegebenen Zeit. Es gewinnt der Hund, der die wenigsten Fehler in der kürzesten Zeit gemacht hat. Russells mit ihrem überschäumenden Temperament und ihrer Bewegungsfreude sind hierfür prädestiniert!

Bevor Sie sich mit Ihrem Hund an die Hindernisse wagen, muss er die Grundkommandos wirklich sicher beherrschen (siehe Kapitel 3), sonst lässt er sich auf dem Parcours von den vielen Hunden und aufregenden Gerüchen so ablenken, dass er Ihren Zurufen nicht mehr gehorcht und Sie ihn nicht mehr lenken können.

Kommandos sind wichtig!

Blindes Verständnis zwischen Hund und Führer ist die Basis für einen schnellen Durchlauf des Parcours. Ihr Hund muss Ihre Körpersprache verstehen können, deshalb müssen Sie lernen, sich klar »auszudrücken« – z.B. die Schulter deutlich in Richtung des nächsten Hindernisses zu drehen.

Weil Geschwindigkeit so wichtig ist, sollte der Führer den Parcours auf dem kürzesten Weg durchlaufen und den Hund durch die Hindernisse »fernsteuern« – auch wenn Sie hinter ihm sind und er Ihre Bewegungen nicht sehen kann! In diesem Fall kommen verbale Befehle ins Spiel. Versuchen Sie, ihm stets einen Schritt voraus zu sein und schon das nächste Hindernis aufzurufen, während er gerade noch das vorherige bewältigt. Geben Sie ihm wirklich immer früh den nächsten Befehl – wertvolle Sekunden

Schnelligkeit ist das A und O, deshalb müssen die Kommandos kurz und prägnant sein. Foto: Susan Garrett/ Tein Tran

gehen verloren, wenn Ihr Hund den falschen Weg einschlägt, nur weil Sie ihm nicht rechtzeitig das nächste Hindernis zugerufen haben. Kommandos im richtigen Moment müssen auch sein, wenn der Parcours »Fallen« enthält, d.h. wenn Hindernisse dicht hintereinander aufgebaut sind, aber nicht nacheinander an der Reihe sind, obwohl es dem Hund naheliegend erscheint.

Ein Beispiel: Direkt hinter einigen Sprüngen ist ein Tunnel aufgebaut – natürlich glaubt der Hund, dies sei seine nächste Aufgabe. Er muss aber einfach umlaufen werden, da er nicht zum Parcours gehört! Tunnels sind für die meisten Hunde eine echte Versuchung, auch für Russells: Sie lieben es, hindurchzulaufen, wohl auch, weil ihnen das mit Hilfe vieler Leckerchen beigebracht wurde.

Es gibt keine festen Kommandos für die einzelnen Hindernisse; ganz gleich, welche Worte Sie benutzen – sie müssen kurz und deutlich sein, damit Sie im Parcours Zeit sparen.

Hier sind einige Anregungen, die sich bewährt haben:

HINDERNIS	KOMMANDO
Hürden	»Hopp«
Weitsprung	»Spring«
Reifen	»Reifen«
Slalomstangen	»Slalom«
Laufsteg	»Steg«
Schrägwand	»Rampe«
Wippe	»Wippe«
Tunnel	»Tunnel«

Gewöhnen Sie den Hund an diese Kommandos, indem Sie sie immer dann aussprechen, wenn er das Gewünschte gerade tut; wenn er beispielsweise gerade über eine Hürde springt, rufen Sie »Hopp«. Schon bald assoziiert Ihr Terrier das Wort mit dem Hürdensprung und lernt, zu welchem Hindernis er laufen muss, wenn Sie »Hopp« rufen.

Als Nächstes müssen Sie ihm richtungsweisende Befehle beibringen.

RICHTUNG	KOMMANDO
Damit er nach links abbiegt	»Links«
Damit er nach rechts abbiegt	»Rechts«
Damit er links neben Ihnen läuft	»Fuß«
Damit er rechts neben Ihnen läuft	»Seite«

- Auch diese Befehle lernt er am besten, wenn Sie sie verwenden, während er ohnehin gerade tut, was er soll.
- Lassen Sie ihn in einiger Entfernung »bleiben«.
- Werfen Sie einen Ball rechts oder links von ihm, sagen Sie ihm, er soll den Ball holen. Wendet er sich zum Ball, rufen Sie das entsprechende Kommando (»rechts« / »links«).
- Kurze, häufige Übungen in allen möglichen Situationen – auf dem Spaziergang, im Garten, beim Agilitykurs – lassen ihm die Kommandos in Fleisch und Blut übergehen.

Früher mussten die Hunde sich stets auf der linken Seite des Führers befinden, heute wird dies aber flexibler gehandhabt: Die Hunde sollen den schnellsten Weg durch den Parcours nehmen und dürfen hierfür auf der jeweils besten Seite des Führers laufen. Um ihm das beizubringen empfehlen sich die Obedience-Übungen auf Seite 85. Zwar muss der Hund bei Agility nicht dicht bei Fuß laufen, dennoch zeigen ihm die Übungen, was von ihm erwartet wird. Erst wenn er die eine Seite sicher beherrscht, beginnen Sie mit dem Üben der anderen.

Das Überwinden der Hindernisse

Hürden

Der Hürdensprung ist ein recht einfaches Hindernis, das die Hunde meist recht schnell lernen.

- Fangen Sie mit einer sehr niedrigen Hürde an. Lassen Sie Ihren Hund davor »Sitz« machen, gehen Sie auf die andere Seite.
- Rufen Sie den Hund mit viel Aufmunterung und einem Leckerchen oder Spielzeug zu sich herüber. Während er springt, sagen Sie »Hopp«; belohnen Sie ihn, wenn er den Sprung korrekt zu Ende gebracht hat.
- Läuft er um das Hindernis herum, weil er partout nicht springen will, nehmen Sie ihn an die lockere Leine und starten das Ganze von Neuem. Nach mehreren erfolgreichen Sprüngen an der Leine weiß er, was er zu tun hat; versuchen Sie es nun wieder ohne Leine.
- Erhöhen Sie die Hürde allmählich, bis der Hund die für seine Größe maximale Höhe problemlos meistert. Dies dürfte für die meisten Russells 35 cm sein, denn Hunde mit einer Schulterhöhe unter 35 cm starten in der Kategorie »Miniagility«. Große Parson Russells mit 35 cm oder mehr müssen dagegen in der nächst höheren Kategorie starten, was eine Hindernishöhe von 35 bis 45 cm bedeutet.
- Ist die Hürde hoch, laufen die meisten Hunde darunter durch, statt sie zu überspringen. Wirken Sie dem entgegen, indem Sie eine zweite Querstange unter der oberen anbringen.
- Üben Sie das Gleiche über eine Hürdenreihe.

Auch der niederläufige Jack Russell geht problemlos über die Hürden. Foto: Susan Garrett/Tein Tran

Weitsprung

Er besteht aus drei bis fünf Elementen, die hintereinander zu einer bestimmten Länge aufgestellt werden und in einem Sprung zu überqueren sind. Sowohl die Höhe der einzelnen Hindernisse (die durchaus unterschiedlich sein kann) als auch die geforderte Sprungweite hängt von der Größe der teilnehmenden Hunde ab. Der Hund darf nur in einer bestimmten Richtung springen, nicht einmal schräg oder quer, sonst gibt es Abzüge!

- Beginnen Sie das Üben mit nur zwei Einzelelementen; die übrigen stellen Sie beiseite.
- Befehlen Sie Ihrem Russell vor dem Hindernis »Sitz und Bleib«!

Der Tunnel? Kein Problem für einen Bauhund!

- Stellen Sie sich auf die gegenüberliegende Seite und locken Sie ihn zu sich!
- Springt er, muss er im selben Moment »Spring« hören.
- Belohnen Sie ihn mit Lob, Leckerchen oder Spiel nach jedem erfolgreichen Sprung!
- Stellen Sie nach und nach mehr Einzelhindernisse hintereinander auf, bis er sie alle in einem Sprung schafft.
- Denken Sie daran: Je weiter Ihr Hund springen soll, desto länger muss der Anlauf sein!
- Wenn Ihr Kleiner lieber bequem um das Hindernis herumläuft, anstatt zu springen, versuchen Sie es mit einer langen Leine, wie bei der Hürde!

Der feste Tunnel

Dies ist meist ein flexibler Kunststofftunnel, den man zwar in verschiedene Richtungen biegen kann, der aber auf seiner ganzen Länge durch Stützen stets offen gehalten wird. Ihr größtes Problem dürfte bei diesem Hindernis darin bestehen, Ihren Terrier aus dem Tunnel wieder heraus zu bekommen!

- Schieben Sie den Tunnel auf seine kürzeste Länge zusammen.
- Lassen Sie den Hund vor dem Tunneleingang »Sitz« machen, gehen Sie ans Tunnelende. Vermutlich brauchen Sie jemanden, der Ihren Kleinen vor dem Tunnel festhält.
- Locken Sie ihn durch den Tunnel, sagen Sie dabei »Tunnel« und belohnen Sie ihn, wenn er hindurchläuft. Vergrößern Sie die Länge des Tunnels allmählich!
- Rennt er mit Begeisterung hindurch, können Sie den Tunnel so legen, dass er leicht gebogen ist – nach und nach stärker, bis er die gewünschte Position hat.

Der Stofftunnel

zeichnet sich dadurch aus, dass er zwar eine feste Öffnung hat, zum Ende hin aber flach auf dem Boden liegt. Der Hund muss sich seinen Weg selbst freimachen. Ihm dies beizubringen, vor allem, wenn er kein echter Draufgänger ist, erfordert etwas Geschick. Gehen Sie's ruhig an:

- Halten Sie das Ende des Tunnels zunächst so hoch, dass der Hund hindurchblicken kann. Ermuntern Sie ihn, durchzulaufen; Lob und Belohnung müssen selbstverständlich folgen.
- Halten Sie den Tunnel etwas lockerer, locken Sie den Hund hindurch, Belohnung!
- Hat er sich an das Gefühl des Stoffes auf dem Körper gewöhnt und bemerkt, dass er auch ohne Sicht hindurch kann, lassen Sie den Stoff allmählich immer stärker durchhängen, bis Ihr Kleiner auch den ganz flach liegenden Tunnel problemlos durchquert.

Mit Leckerchen locken Sie ihn durch den Reifen.

Der Reifen

Auch den Reifen sollten Sie zu Anfang niedrig hängen; er kann sogar bis auf den Boden herabgelassen werden. Steigern Sie die Höhe, je besser Ihr Hund wird.

- Lassen Sie den Hund direkt vor dem Reifen absitzen; gehen Sie auf die andere Seite.
- Halten Sie ein Leckerchen direkt vor seine Nase; ist sein Interesse geweckt, ziehen Sie die Hand zurück. So dirigieren Sie ihn durch den Reifen.
- Springt er hindurch, ertönt das Zauberwort »Reifen«.
- Natürlich muss er danach das Leckerchen zur Belohnung erhalten.
- Weigert er sich zu springen, benutzen Sie, wie gehabt, eine lange Leine, um sanft nachzuhelfen.

Kontaktzonenhindernisse

werden so genannt, weil der Hund bestimmte »Kontaktzonen« am Anfang und am Ende des Hindernisses unbedingt betreten muss – vor allem, damit die Geschwindigkeit nicht zu Lasten der Exaktheit geht. Solange die Kontaktzone nicht berührt ist, gilt das Hindernis nicht als bewältigt.

Anfangs wird dem Hund in der Regel beigebracht, auf der Kontaktzone ganz abzustoppen. Mit zunehmender Geschwindigkeit und Sicherheit betritt er schließlich automatisch die Kontaktzone. Diese wird spätestens dann zu einem richtigen Lieblingsplatz, wenn beim Training ein Leckerchen darauf platziert wird!

Die Wippe

Viele Hunde fühlen sich auf diesem Hindernis unsicher; nehmen Sie sich deshalb viel Zeit, bleiben Sie dicht bei ihm, sprechen Sie aufmunternd mit ihm.

- Stellen Sie Ihren Hund zunächst genau auf den Drehpunkt der Wippe, loben Sie ihn, wenn er nicht herunterzuspringen versucht.
- Fühlt er sich dort wohl, überreden Sie ihn zu einem Schritt nach vorn – die Wippe herunter. Sie loben und ermuntern ihn dabei ununterbrochen.
- In jeder Trainingseinheit sollte er sich ein Stückchen weiter die Wippe herunter trauen. Belohnen Sie zu Anfang jeden einzelnen seiner Schritte! Lassen Sie ihn nicht eher allein die Wippe herablaufen, bis er sich vollkommen sicher darauf fühlt.
- Danach üben Sie mit ihm, die Wippe erst hinaufzulaufen, den Drehpunkt zu passieren und auf der anderen Seite wieder herunterzulaufen. Führt er die ganze Übung erfolgreich aus, sagen Sie das Kommando »Wippe«, damit er es mit dem Hindernis zu assoziieren lernt.

Beginnen Sie das Training mit der flachen Schrägwand, dann erhöhen Sie sie allmählich.

Die Schrägwand

ist ein A-förmig konstruiertes Hindernis mit mehr oder weniger steilem An- und Abstieg, auf dem waagerechte Querlatten angebracht sind, damit der Hund sicheren Halt hat.

- Bei den ersten Übungen sollte das Hindernis noch nicht A-förmig aufgebaut sein – legen Sie es, beide Seiten ausgebreitet, flach auf den Boden.
- Bringen Sie den Hund dazu, auf ganzer Länge über das Hindernis zu laufen. Sagen Sie dabei das hierfür gedachte Kommando und belohnen Sie ihn, wenn er ankommt.
- Stellen Sie das Hindernis nach und nach zunächst in sehr stumpfem, dann immer spitzerem Winkel auf, bis es deutliche Schrägen hat.
- Achten Sie sorgfältig darauf, dass die Kontaktzonen berührt werden. Springt der Hund zu früh aus einiger Höhe ab, könnte er sich verletzen – ganz abgesehen davon, dass es gegen das Reglement wäre.
- Fühlt Ihr Hund sich auch auf der schrägen Wand sicher, braucht er einen längeren Anlauf, um es bis nach oben zu schaffen, denken Sie daran!

Der Laufsteg

Obwohl man jedem Hund beizubringen versucht, dieses Hindernis ruhig anzugehen, rennt er früher oder später darüber – vielleicht sollte man es deshalb in »Rennsteg« umbenennen! Diese Übung ist leicht erlernbar, wenn Sie sie langsam angehen.

- Ihr Hund befindet sich am Beginn des Hindernisses, Sie stehen auf dem Boden neben ihm. Lassen Sie ihn langsam den Steg hinauf-, entlang- und wieder heruntergehen, wobei Sie stets neben ihm bleiben. Befehlen Sie dabei »Steg«!
- Lob und Belohnung müssen folgen, wenn er das Hindernis vorschriftsmäßig bewältigt hat.
- Üben Sie immer wieder, steigern Sie das Tempo, wenn Sie Fortschritte erkennen!

- Auch hier ist sorgfältig darauf zu achten, dass Ihr Russell die Kontaktzonen nicht auslässt.

Der Slalom

Dies dürfte der schwierigste Teil des Parcours sein, er wird in der Regel als Letztes trainiert. Da der Abstand der Stangen für alle Hunde gleich ist, braucht es einiges Training, bis Ihr Russell sie schnell durchlaufen kann. Ist der Abstand ideal der Schrittweite eines Collies angepasst, benötigt ein Russell natürlich für die gleiche Distanz etliche Schritte mehr.

Zwei Methoden haben beim Training des Slaloms gleich gute Erfolge gezeigt:

1. Methode

- Stellen Sie die Stangen zunächst nicht senkrecht auf, sondern um ca. 45° jeweils im Wechsel nach rechts bzw. links geneigt. Beim Start muss sich der Hund immer auf der rechten Seite der ersten Stange befinden.
- Führen Sie ihn mit Hilfe eines Leckerchens, das Sie vor seine Nase halten, durch den Stangenwald; sagen Sie dabei »Slalom«. Am Ende: Belohnung!
- Richten Sie die Stangen nach und nach immer stärker auf, bis sich Ihr Hund schließlich auch dann sicher hindurchschlängelt, wenn sie vollkommen senkrecht stehen.

2. Methode

- Rücken Sie die erste Stange nach links, die zweite nach rechts usw. jeweils im Wechsel, bis zwei Stangenreihen im Abstand von 45 cm entstanden sind.
- Locken Sie Ihren Hund zwischen diesen hindurch, befehlen Sie »Slalom«, belohnen Sie ihn.

Der Slalom erfordert viel Training und Geschick. Foto: Susan Garrett/ Tein Tran

TONTO MIT DER AUGENKLAPPE

Hilary Bowden und ihr dreijähriger Russell Tonto betreiben Agility.

»Tonto kam mit neun Wochen aus dem Tierheim zu mir, dort hatte er gelebt, seit er zwei Wochen alt war. Vermutlich hatte er nur zwei Tage bei seiner Mutter verbracht. Er muss einen sehr starken Lebenswillen gehabt haben! Sein Name war Pinto. Da aber die Namen aller meiner Hunde, Katzen und des Ponys mit »T« anfangen, hieß er von nun an Tonto. Um Agility mit ihm machen zu können, ließ ich ihn als »Tonto mit der Augenklappe« registrieren – sehen Sie ihn sich an, dann wissen Sie, warum!

Das Agility Training sollte bei Terriern schon recht früh beginnen. Gehen Sie es langsam an, vermeiden Sie alles, was den noch in der Entwicklung befindlichen Körper schädigen könnte.

Das Hauptproblem ist, dass sich Russells leicht ablenken lassen; sie haben eine begrenzte Konzentrationsspanne. Bei der geringsten Ablenkung sind sie auf und davon! Einmal übte ich mit Tonto in der Nähe eines Cricketspiels: Er lief einfach davon und mischte sich unter die Spieler, was ihm wohl spannender erschien. Da sind wir beim Punkt: Agility muss für die Hunde so aufregend sein, dass sie alles um sich herum vergessen und voll bei der Sache bleiben.

Tonto liebt Leckerchen und Spielzeug, deshalb belohne ich ihn damit. Unsere Trainingseinheiten waren zunächst kurz und endeten immer mit einem Ballspiel. Langsam wurden die Übungen länger, es dauerte länger, bis die Belohnungen kamen – zuletzt gab ich ihm nur dann etwas, wenn seine Konzentration wirklich nachließ.

Der Tunnel ist für viele Russells ein echter Stolperstein – sie mögen ihn zu sehr. Zeigen Sie diesem Terrier ein dunkles Loch, und er ist darin verschwunden! Es ist eine kleine Herausforderung, ihn vom Tunnel abzubringen; deshalb wird der Tunnel auf dem Parcours auch oft als Falle dicht neben einem anderen Hindernis platziert, um den Hund vom rechten Weg zu locken. Sie müssen Ihren Hund schon total unter Kontrolle haben, damit er zuverlässig Ihre Kommandos und Ihre Körpersprache befolgt und nicht einfach tut, was ihm gerade einfällt. Seine ganze Aufmerksamkeit muss auf Sie gerichtet sein. Der am wenigsten geliebte Parcoursteil ist wohl der Slalom. Da die Stangen für die kleinen Hunde nicht dichter gestellt werden, passt deren Schrittlänge nicht dazu. Wo also ein Collie sich elegant durch die Stangen windet, springt der Russell irgendwie hindurch und verliert so einiges an Zeit. Aber Übung macht auch hier den Meister.

Tonto tastet sich auf der Wippe vorwärts.

Russells sind sehr intelligent und lernen schnell. Gleich bei seinem ersten Wettkampf wurde Tonto Fünfter, beim dritten ging er gar als Sieger vom Platz. In diesem Jahr hat Tonto schon 17 Mal auf dem Siegertreppchen gestanden, viermal sogar ganz oben.

Wenn er nicht gerade im Agilityeinsatz ist, geht Tonto mit mir zur Arbeit – so sind wir selten einmal getrennt. Ich fahre einen großen LKW, und inzwischen ist mein Kleiner in den einschlägigen Kreisen als Trucker Tonto berühmt! Tontos Persönlichkeit ist umwerfend – er ist ein glücklicher, frecher, sehr fröhlicher Schelm, vor allem aber ist er überaus liebevoll und anhänglich.«

- Lassen Sie die Reihen allmählich immer enger zusammenrücken, bis sie schließlich wieder einen geradlinigen Slalomkurs bieten, den Ihr Hund nun problemlos bewältigt.

Flyball

»Flyball« (wörtlich übersetzt: »Flugball«) ist so etwas wie ein Staffellauf für Hunde, der das Bringen und Über-Hürden-Springen einschließt. Dieser Sport erfreut sich auf der ganzen Welt großer Beliebtheit, und die Zahl seiner Anhänger wächst jedes Jahr. Die überwiegend verwendeten Rassen sind Collies und Retriever, aber viele andere sind selbstverständlich ebenfalls geeignet. In diesem Sport konkurrieren die Teams auf identisch aufgebauten Parcours gegeneinander; Sieger ist das Team, das als Erstes mit sämtlichen Hunden den Parcours erfolgreich durchlaufen hat.

Jack Russells sind eine Bereicherung für jedes Flyball-Team. Foto: Teresa York

Jeder Hund läuft die Strecke über vier Hürden zur »Flyball-Box«. Der Hund löst mit seiner Pfote an der Box einen Mechanismus aus, der einen Ball hochwirft. Diesen muss er fangen und über die Hürden zurück zum Start bringen. Sobald er angekommen ist, wird der nächste Hund auf die Strecke gelassen. Lässt ein Hund den Ball fallen, verfehlt er eine Hürde oder wirft sie um, muss er nach dem letzten Mitglied seines Teams noch einmal auf die Bahn.

Eine in Europa noch weitgehend unbekannte Abart des Flyballs ist das »Scent-hurdling« (Scent = Geruch, hurdling = Hürdenlauf): Der Parcours ist der gleiche, am Ziel warten jedoch nicht die Flyball-Box, sondern vier mit unterschiedlicher Farbe versehene Bringhölzer, von denen jedes zu einem bestimmten die jeweilige Farbe tragenden Teammitglied gehört und dessen Geruch es trägt. Der Hund hat das zu seinem Führer gehörende Bringholz zu erschnüffeln und zurückzubringen. In jedem Fall muss ihr Hund körperlich vollkommen fit sein, bevor Sie ihn auf einen Parcours schicken!

Wie bringe ich's ihm bei?

Wichtigste Voraussetzung: Ihr Hund muss ver-

GEHEN SIE AUF NUMMER SICHER

Beim Flyball werden ausschließlich nagelneue Tennisbälle eingesetzt – jeder Ball, der auch nur die kleinste Beschädigung aufweist, wird aussortiert. Lassen Sie Ihren Hund beim Spiel keinesfalls senkrecht aus der Luft herabfallende Bälle fangen – hierzu muss er seinen Kopf weit nach hinten legen, und der Ball könnte in seinen Hals geraten. Beim Flyball ist diese Gefahr eher gering, da der Ball in fast waagerechtem Bogen aus der Box geworfen wird und wegen der geringen Geschwindigkeit keine große Höhe erreichen kann, selbst wenn ein Hund ihn zunächst verfehlt.

rückt sein nach Tennisbällen, sonst können Sie Flyball vergessen. Sein ganzes Sinnen und Streben muss das Ziel haben, den Ball zu bekommen. Sonst macht er nicht mit!

Zum Glück gibt es kaum einen Russell, der seinen Tennisball nicht liebt, die Rasse hat also die besten Voraussetzungen. Überstrapazieren Sie sein Interesse aber nicht. Sonst wird ihm auch das schönste Ballspiel irgendwann langweilig! Schon der kleine Welpe sollte Tennisbälle kennen lernen; verspielt, wie er ist, braucht er zu einem Spiel mit dem Ball nicht groß ermuntert zu werden. Achten Sie darauf, dass der Tennisball für ihn stets ein ganz besonderes Spielzeug bleibt – nach jedem Spiel sollte er ihm weggenommen werden. Der Kleine kann jede Menge anderes Spielzeug stets um sich haben, der Ball darf grundsätzlich für ihn nur während des Spiels mit Ihnen erreichbar sein!

Das gezielte Training sollte erst beginnen, wenn der Ball zum Objekt echter Begierde geworden ist. Warten Sie ruhig, bis der Kleine ausgewachsen ist – so kann er sich nicht überanstrengen. Üben Sie Flyball mit Ihrem Russell in kurzen Abschnitten, damit tragen Sie seiner eher kurzen Konzentrationsspanne Rechnung.

Russells sind schnell wie der Blitz. Fotos: Pam Martin

Zunächst bringen Sie ihm bei, über eine Hürde zu springen und auf demselben Weg zum Start zurückzukehren. In der Regel sind die Hürden mit Netzen versehen, damit er nicht unter ihnen durchlaufen kann.

- Lassen Sie den Hund von einem Helfer vor der Hürde festhalten, gehen Sie auf die andere Seite und locken Sie ihn über die Hürde zu sich.
- Bei seinem Sprung sagen Sie »Hopp«, Lob und Belohnung folgen.
- Üben Sie so lange, bis er auf Kommando über das Hindernis und wieder zurück springt.
- Versuchen Sie das Gleiche nach und nach mit zwei und mehr Hürden hintereinander!

Der zweite Schritt: Er muss lernen, den Ball zu bringen. Erst ganz zum Schluss kommt die Box ins Spiel!

»Zwingen Sie Ihren Hund zu nichts, wenn er Angst hat.«

- Am Ende der vier Sprünge halten Sie zunächst auf dem Boden einen Ball für Ihren Russell bereit, den er aufzunehmen hat, bevor er über die Hürden zurückläuft.
- Halten Sie den Ball dann so, dass er an die Box springen muss, um ihn zu ergattern – eine gute Vorbereitung für später, wenn er den Mechanismus selbst auslösen muss!
- Im Lauf der Übungseinheiten halten Sie den Ball immer dichter an den Punkt, wo er von der Maschine ausgeworfen wird.
- Ist der Hund erst auf diesen Punkt fixiert, lernt er im Handumdrehen, den Mechanismus selbst auszulösen.
- Stellen Sie den Mechanismus zunächst so ein, dass der Ball langsam herausfliegt. Steigern Sie die Geschwindigkeit, je besser Ihr Russell die Sache beherrscht.

Unbekannte Geräusche

Die meisten Hunde reagieren irritiert auf den Knall, der ertönt, wenn sie den Mechanismus der Box auslösen – einige so stark, dass sie sich fortan weigern, auch nur in die Nähe zu kommen. Russells sind in der Regel von Natur aus wenig geräuschempfindlich, dennoch gilt auch hier: Vorbeugen ist besser als Heilen.

Meist steht die knallende Box ganz am Ende des Flyballtrainings; man wartet, bis der Hund selbstsicher und begeistert den Ball aus der unmittelbaren Nähe der Box zurückbringt. In der Regel erkennt man sofort, ob der Hund Probleme mit der Box hat. In diesem Fall sollte der Mechanismus sofort ausgeschaltet werden. Rollen Sie den Ball in der Nähe der Box auf dem Boden, ermuntern Sie Ihren Hund, ihn sich zu holen. Belohnen Sie ihn dafür! Legen Sie den Ball immer näher an die Box, bis diese Ihren Hund nicht mehr stört. Zwingen Sie ihn zu nichts, ignorieren Sie seine Furcht keinesfalls – das würde alles nur noch schlimmer machen.

Reagiert Ihr Russell ernsthaft nervös auf die Box, nehmen Sie sie mit nach Hause! Das Letzte, was Sie wollen, ist doch, dass er nur wegen der Box die Lust auf Flyball ganz verliert. In der heimischen Umgebung gewöhnt er sich daran und legt schließlich seine Angst ab.

JACK FLASH

Alison und Wayne O'Rourke beschäftigen sich seit Jahren mit Flyball, jetzt haben sie ihr Interesse auf Scent-Hurdling ausgeweitet – Wayne mit seinen gesitteten Collies, Alison mit ihren eigensinnigen Russells, von denen einer übrigens zu den besten in England zählt.

»Wir haben drei Russells: den achtjährigen Bob, Ted, sieben, und Spud, sechs Jahre alt. Die Rasse ist super, macht aber viel Arbeit!

Ted kam aus dem Tierheim zu uns, man hatte ihn an der Autobahn aufgegriffen. Nun weiß ich, warum! Er ist unbezähmbar. Er springt ununterbrochen auf und ab – auch nach den fünf Jahren noch, die wir ihn haben. Beim Flyball braucht er für den Parcours nur 4 ½ Sekunden, das schaffen sogar viele Collies nicht. Er ist wirklich etwas Besonderes. Auch mit nunmehr sieben Jahren hat sich nichts geändert. Für das Scent-Hurdling braucht er ungefähr 6 Sekunden.

Auch Bob haben wir aus zweiter Hand. Er war aggressiv zu anderen Hunden, das hat sich aber gebessert – obwohl er im Park immer noch keinem Streit aus dem Weg geht. Spud dagegen ist ein echtes Muttersöhnchen. Er würde alles für mich tun und gibt sich beim Flyball alle Mühe, kann aber mit seinen kurzen Beinen einfach keine Topleistung bringen.

Ohne Zögern ergreift Spud das blaue Bringholz.
Foto: Alison O'Rourke

Wir haben dazu sechs Collies und einen Lurcher. Russells sind nicht so entschlossen wie Collies, sie lassen sich leicht ablenken. Entdecken sie etwas auf dem Parcours der anderen Mannschaft, müssen sie sofort hin! Deshalb sollte schon das Training von Ablenkungen begleitet sein.

Bieten Sie Ihrem Russell etwas, auf das er ganz verrückt ist, z.B. ein Quietschtier. Das Problem ist nur: Wird auch im anderen Team ein Quietschtier benutzt, ist Ihr Kleiner auf und davon, und das war's. Deshalb arbeiten wir mit Leckerchen.

Collies tun das, was man von ihnen verlangt, und zwar so gut wie möglich; ein Russell hat die Lebenseinstellung: Der gute Wille reicht aus – sie machen es sich einfach zu leicht.

Das an sich ist kein Problem, die Gefahr ist nur, dass es ihm schnell langweilig wird und er das Interesse verliert. Ein Beispiel: Ein Russell sieht einen Collie mit dem Ball in der Schnauze zum Start zurückkommen. Statt nun loszurennen und sich den Ball aus der Box zu holen, denkt er eher: »Warum soll ich mir den Weg zur Box machen, wenn ich mir auch den Ball des Collies holen kann? Das ist doch viel leichter!«

Ein Russell ist genauso eifrig wie ein Collie, aber auf seine Weise. Hat er keinen Spaß mehr an der Sache, ist das Spiel aus. Einen Russell kann man zu nichts zwingen, was er nicht selbst will! Vor Jahren haben wir mal versucht, einen Russell zu mehr Schnelligkeit im Flyball zu trainieren. Je mehr wir trainierten, desto langsamer wurde er aber! Er hatte schlicht die Nase voll. Kurze, aber häufige Übungen sind besser, die aufhören, wenn er noch nicht müde ist.

Russells lieben viel Beschäftigung, es sind keine Schoßhunde – es waren robuste Jagdhunde, und das steckt immer noch drin. Flyball ist genau das, was sie brauchen, um ihre überschüssige Energie loszuwerden – sie werden schon vor dem Start verrückt und kläffen wie wild. Außerdem hält es sie superfit!«

DIE BOX

Es gibt zwei Typen von Flyball-Boxen: Die eine hat an der Vorderseite ein Pedal, das der Hund mit der Pfote berührt und so einen Hebel an der Rückseite betätigt, der den Ball wirft. Diese Box findet auf den meisten europäischen Parcours Verwendung. Bei der Box, die in Nordamerika bevorzugt wird, befindet sich an der gesamten Frontseite ein Pedal, das dem Hund als Sprungbrett für den Rückweg dient und gleichzeitig den Ballwurf von der Vorderseite der Box auslöst: Diese Version macht den Parcours schneller. Zum Schutz der Hunde darf die Box keine scharfen Kanten haben und sollte mit einer Polsterung aus Gummi oder Schaumstoff versehen sein.

Einen Versuch ist es wert! Vielleicht hat ja auch Ihr Trainer ein Patentrezept – fragen Sie ihn!

Übungen für das Scent-hurdling

Die Hindernisse lernt Ihr Hund auf die gleiche Art wie beim Flyball (siehe S. 80); das Bringen des Holzes ist dagegen viel leichter zu trainieren als die Flyball-Box.

- Legen Sie ein Brett ans Ende des Sprungparcours, das in vier verschiedenfarbige Sektoren aufgeteilt ist.
- Ein Bringholz, das nach Ihnen duftet, liegt auf einem der Sektoren (im Wettbewerb sähe das so aus: Der Hund trägt ein grünes Halstuch, das Bringholz liegt auf dem grünen Sektor; dann sieht jeder auf den ersten Blick, dass der Hund das richtige Holz gefunden hat).
- Schon aus dem Flyball-Training ist Ihr Russell daran gewöhnt, hinter den Hürden einen Gegenstand aufzunehmen. Tut er das nicht von allein mit dem Holz, halten Sie es ihm zunächst in einiger Höhe, dann immer niedriger über dem richtigen Sektor hin, bis er es schließlich vom Brett aufnehmen muss.
- Nimmt er das Bringholz zuverlässig auf, bringen Sie ein zweites ins Spiel, das keinesfalls Ihren Duft tragen darf! Ein Helfer befestigt dieses zweite Holz auf dem Brett, so dass der Hund es zwar sieht, aber nur das richtige (Ihres!) von stets derselben Stelle des Bretts ergreifen kann.
- Üben Sie so lange, bis Ihr Russell gar nicht erst versucht, das falsche Holz aufzunehmen. Machen Sie es zunächst mit einem dritten, dann mit einem vierten Holz noch schwerer.
- Findet Ihr Hund sicher das richtige Holz, legen Sie es auf einen anderen Sektor des Bretts. Befestigen Sie die übrigen auf dem Brett!
- Findet und nimmt er nur noch das Holz mit dem richtigen Duft, ganz gleich, wo es liegt, dürfen auch die anderen lose auf dem Brett liegen.

Obedience

Obedience ist eine Sportart, bei der der Hund freudig mit seinem Führer verschiedene Übungen meistert und seinem Hundeführer auch aus einiger Entfernung bereitwillig gehorcht.

Russells sind bei Obedience seltener als z.B. Collies, Schäferhunde und manche Jagdhunde, aber durchaus geeignet. Klug, wie sie sind, haben sie nur ein Problem: sie fangen schnell an, sich zu langweilen, weil die Übungen stets gleichförmig sind und wenig Abwechslung bieten. Sie müssen Ihrem Russell also irgendwie klar machen, dass die Sache Spaß bringt. Sobald Sie das Training zu ernst angehen, verliert er das Interesse. Im Folgenden einige Anregungen zum Training:

Fuß!

Ein Russell musste früher selbstständig arbeiten können, ohne dass sein Führer in der Nähe war. Er kann auch heute noch für sich selbst denken! Sklavisch an seinem Herrn zu hängen, ist nicht seine Natur. Deshalb ist es nicht so einfach, ihm das »Bei Fuß«-Gehen beizubringen, wie beispielsweise einem Border Collie. Außerdem sind auf Grund seiner geringen Größe seine Schritte nicht so harmonisch auf die längeren seines Führers abzustimmen.

Auch bei Obedience sind Russells top!
Foto: Linda Barden

Das Hauptproblem besteht darin, Ihr Temperamentsbündel dazu zu bringen, gesittet neben Ihnen herzulaufen Er würde nämlich viel lieber wie ein Gummiball an Ihnen hochspringen oder hinter einer aufregenden Spur herflitzen.

Vor dem Start üben Sie wie auf Seite 45 beschrieben. Wenn schon der Welpe wohlerzogen neben Ihnen hergehen konnte, brauchen Sie sich jetzt nur noch dem Feinschliff zu widmen.

- Ihr Hund steht links neben Ihnen, Sie halten etwas Futter so mit neben Ihrem Bein ausgestrecktem Arm in Ihrer linken Hand, dass der Hund das Futter riecht.
- Der Kopf Ihres Hundes befindet sich auf Höhe Ihres Knies. Steht er in der richtigen Position, sagen Sie das Kommando – z.B. »Bei Fuß« oder »Dicht« – und geben ihm das Futter.
- Gehen Sie zunächst nur wenige Schritte, belohnen Sie Ihren Hund schon wenn er nur einen Schritt vorschriftsmäßig neben Ihnen getan hat. Dirigieren Sie ihn mit der Hand: Weil er weiß, dass darin ein Leckerchen ist, lässt er Sie vermutlich nicht aus den Augen. Geht er zu weit vor, leiten Sie ihn zurück und sagen Sie »Fuß«. Und das Ganze noch einmal von vorn!
- Üben Sie immer wieder, machen Sie nach und nach mehr Schritte. Denken Sie daran: Kurze Übungen sind besser als lange, immer wiederholte, eintönige, die ihm schnell langweilig werden. Jede Trainingseinheit soll mit einem lustigen Ballspiel abschließen.

Bring!

Die Amerikanerin Pam Martin ist seit 20 Jahren Hundetrainerin und hat eine Schule für Obedience bei Dallas. Beim Obedience-Training wendet sie eine neue schnelle und einfache Methode an, die einerseits der Hektik unserer Zeit, andererseits der ganz eigenen Persönlichkeit des Russells entgegenkommt. Wie sie richtig feststellt, kann man »unseren lernbegierigen Russell Terrier nur schnell und mit Spaß trainieren«. Leckerbissen und Ermunterung spielen auch hier eine wichtige Rolle.

Bei dieser Trainingsmethode werden aufeinander folgende Verhaltensweisen in genau der umgekehrten Reihenfolge geübt, als sie später praktiziert werden sollen. Pam erläutert: »Das Pferd von hinten aufzuzäumen ist bei weitem der schnellste und leichteste Weg, einem Welpen fast völlig ohne Stress das Bringen beizubringen. Meist beginnt das Training des »Bring« mit dem »Nimm«, nicht so hier: Wir fangen mit dem »Aus« an, das in der Kette der Bring-Übungen an letzter Stelle steht. Bei uns wird das »Nimm« zuletzt geübt, obwohl es später bei der kompletten Übung als Erstes ertönt.«

Das klingt paradox, hat sich in der Praxis aber als einfach erwiesen. Hören Sie selbst, welche Tipps Pam für das Training eines fünf Monate alten Welpen hat. Sie funktionieren übrigens auch beim ausgewachsenen Hund!

Aus

- Der Kleine sollte Hunger haben, damit er auf die köstlichen Leckerbissen, die auf ihn warten, so richtig scharf ist.
- Wenn er gerade im Zahnwechsel ist, trainieren Sie nur mit weichen Gegenständen, die bequem in sein Schnäuzchen passen und ihm nicht weh tun können. Üben Sie nur an Tagen, an denen er keine Probleme mit dem Umzahnen zu haben scheint!
- Setzen Sie sich mit dem Kleinen auf den Boden, halten Sie reichlich Leckerchen z.B. in der Hosentasche bereit, so dass er sie nicht sehen, aber deutlich riechen kann.
- Stecken Sie ihm den Gegenstand (z.B. einen Stoffball) sanft in die Schnauze, lassen Sie ihn sofort wieder ausspucken, wobei Sie »Aus« kommandieren und ihn überschwänglich loben und belohnen. Die Chancen stehen gut, dass er den Ball sofort wieder loswerden will, wenn er das Ganze noch nicht kennt. Nutzen Sie das!
- Wiederholen Sie die Übung mehrmals; stecken Sie ihm den Ball in die Schnauze, warten Sie, bis er ihn in Ihre Hand ausspuckt. Genau in diesem Moment sagen Sie jedesmal »Aus«.

Halt fest!

Als Nächstes muss der Welpe lernen, den Gegenstand festzuhalten, bis Ihr »Aus« ertönt.

- Wenn Sie den Ball in seine Schnauze gesteckt haben, halten Sie diese mit der Hand sanft geschlossen – gerade so fest, dass der Ball nicht herausfällt.
- Warten Sie so einen Moment, dann befehlen Sie »Aus«, gefolgt von Lob und Leckerchen.
- Wiederholen Sie das Ganze, steigern Sie die Zeitspanne, für die der Ball in seiner Schnau-

Das Bringen lernt er am besten als Teil einer Übungsserie. Foto: Linda Barden

ze verbleibt, nach und nach im Sekundentakt, sagen Sie dabei immer wieder »Halt fest«.

- Wenn das »Aus« ertönt und er (Sie!) den Ball freigibt, loben Sie ihn überschwänglich, geben Sie ihm einen Leckerbissen.

Kontakt aufnehmen

Das ist eigentlich kein Kommando – man sagt diese Worte nie, dennoch ist es ein Teil des Bring-Vorgangs, den der Hund separat lernen sollte.

- Halten Sie den Ball ziemlich hoch in die Luft – so, als ob Sie einen wertvollen Gegenstand bewundern!
- Bewegen Sie Ihre Hand langsam herunter, zeigen Sie dem Welpen den Ball, loben Sie ihn schon fürs einfache Hingucken.
- Versucht der Welpe, den Ball zu berühren: Das Beste, was passieren kann – genau das wollen wir, also loben und belohnen Sie ihn!
- Wächst sein Interesse an dem Ball in Ihrer Hand, fördern Sie das; geben Sie aber keinen Befehl. Wenn er will, darf er den Ball mit der Nase berühren; sonst stupsen Sie seine Nase sehr sanft mit dem Ball, loben Sie ihn überschwänglich bei jedem Ball-Nasen-Kontakt.
- Nach einiger Zeit berührt der Welpe von allein den Ball mit Nase oder Pfote. Loben und belohnen Sie ihn für jeden Versuch!
- Hat der Welpe begriffen, dass er genau das tun soll, und weiß er, dass nach jeder Ballberührung etwas Leckeres auf ihn wartet, sind Sie auf dem richtigen Weg.
- Legen Sie den Ball schließlich auf den Boden, halten Sie ihn fest. Warten Sie, bis der Welpe den Ball auch hier zu berühren versucht, lassen Sie Lob und Belohnung folgen. Auf jeden Fall muss ihm das Ganze Spaß bringen!

Nimm!

Führt er die letzte Übung zuverlässig aus, müssen Sie ihn dazu bringen, den Ball vom Boden aufzunehmen.

- Verwenden Sie das Kommando »Nimm« nur dann, wenn Sie sicher sind, dass er den Ball wirklich aufnimmt – d.h., wenn der Welpe ihn jedesmal ergreift, wenn Sie den Ball auf den Boden legen.
- Sagen Sie »Nimm« genau in dem Augenblick, wenn er ihn mit den Zähnen greift, und lassen Sie die Befehle, die er schon gelernt hat (»Halt fest« und »Aus«), in der richtigen Reihung folgen.

Nun wird's ernst

Hat er die einzelnen Übungen gelernt, müssen

TEX

Jack Russell Terrier Tex heißt eigentlich Starkweather Dusky Jem. Er ist fünf Jahre alt und lebt mit seinem Frauchen Linda Barden in den USA. Tex hat zahlreiche Championate in Agility errungen; dazu ist er auf dem besten Weg, sich im American Kennel Club als geprüfter Begleithund zu qualifizieren. Diese Erfolge stellten sich aber nicht über Nacht ein, wie Linda erzählt.

»Ich holte Tex am 6. April 1994 zu mir nach Hause, und schon fünf Tage später fing ich an, mit ihm zu trainieren. Schon mit acht Wochen war Tex auf dem besten Weg, die Grundlagen in Obedience zu lernen. »Sitz« und »Platz« lernte der kleine, fünf Pfund leichte Kerl ziemlich schnell, viel mehr Mühe machte es, ihm das »Komm« beizubringen.

Unser Training begann in einer Spielgruppe für sehr junge Welpen in einem örtlichen Hundesportverein. Tex war bei weitem der Kleinste, deshalb fiel es besonders auf, wie schnell er lernte.

Der gewitzte Russell nimmt es bei Obedience mit jedem auf.
Foto: Linda Barden

Nachdem ich als Agility-Ausbilderin schon mit den unterschiedlichsten Rassen gearbeitet habe, kann ich mit Fug und Recht bestätigen, dass Russells zu den klügsten gehören.

Nachdem er die Welpenschule erfolgreich absolviert hatte, schloss ich mich mit Tex einem Obedience-Kurs für Fortgeschrittene an; dort lernten wir, was es zu erfüllen galt, um die Prüfung zum alltagstauglichen Begleithund zu bestehen. Hierbei müssen Hund und Führer nacheinander mehrere Aufgaben erfüllen, die Alltagssituationen simulieren sollen: »Sitz« und »Platz« auf Kommando, »Bleib«, »Komm« auf Zuruf, »Bei Fuß« an lockerer Leine und so weiter.

Mit fünf Monaten beendete Tex, nun sieben Pfund schwer, den Kurs mit dem Titel »Alltagstauglicher Begleithund«, der erste in einer langen Reihe.

Seitdem haben wir an mehreren verschiedenen Obedience-Kursen teilgenommen, in denen wir das Erlernte vertiefen und auf Wettbewerbsniveau zu verbessern versuchten. Das war kein leichter oder schneller Erfolg.

Bis zum Alter von 2 ½ Jahren traute ich mich nicht einmal, mit Tex an einem Obedience-Spaß-Tag teilzunehmen! Besonders schwierig war es, ihm »Bei Fuß« ohne Leine beizubringen – als typischer Jack Russell liebt er die Spurensuche. Mitten in der Übung machte er sich oft selbstständig und folgte den Wohlgerüchen, die ihm gerade in die Nase stiegen.

1998, als die Rasse vom AKC anerkannt wurde, begannen wir schließlich, an Wettkämpfen teilzunehmen, um uns für den Obedience-Titel zu qualifizieren.

Die Zeit, die Geduld und das intensive Training begannen sich auszuzahlen, aber immer wenn ich zu der Überzeugung kam, dass das Ganze doch einfacher war als befürchtet – erinnerte sich Tex daran, dass er ein Jack Russell war.

Mehr als einmal haben wir aus diesem Grund die Prüfung nicht bestanden! Ob es nun das verlockende Quietschspielzeug am Ringrand war oder die kastrierte Hündin, die so nett zu ihm war: Tex fand immer wieder etwas, womit er mein Ego erniedrigen konnte. Vor manchen Prüfungen habe ich ihm ein Sondertraining verpasst, nur damit er nicht neben einem seiner Hundefreunde liegen konnte, oder um nicht genau dann Lust auf ein Spiel zu bekommen, wenn er im Wettbewerb drei Minuten ruhig liegen bleiben musste. Manchmal frustrierend, aber nie langweilig – ich möchte es um nichts in der Welt missen!

Der erste Schritt hin zum AKC-Titel als geprüfter Begleithund war im Januar 1999 getan, als Tex mit 192 von 200 möglichen Punkten siegte.

Die gegen uns startenden Labradors und Collies hatten allesamt das Nachsehen!

Während der Siegerehrung zeigte sich Tex von seiner besten Terrier-Seite: Er spielte permanent Tauziehen mit seiner Leine.

Die zweite Qualifikationsprüfung bestand Tex im Juli 1999 mit ernüchternden 172 Punkten. Dennoch war es ein besonderer Tag: Ein zweiter Jack Russell nahm teil – der Rüde Riley mit seinem Frauchen Kimberley Baker. Auch er qualifizierte sich und wurde mit 182 Punkten sogar Vierter.

Nur selten trifft man Russells im Obedience-Ring an, deshalb kann man sich der allgemeinen Bewunderung sicher sein, wenn man zeigt, was diese Rasse leisten kann.

Russells sind tolle Hunde, und ich bin überzeugt: Mit viel Zeit und Geduld lernen sie einfach alles.

Jeder Russell-Besitzer wird bestätigen, wie intelligent die Rasse ist. Sie begreifen sofort, was man von ihnen erwartet, entscheiden aber gern selbst, ob sie's auch tun.«

Den richtigen Gegenstand zu erschnüffeln kann ein Teil des »Bringens« sein. Foto: Susan Garrett

Sie diese den Wettkampfanforderungen entsprechend in ein System bringen. Er muss lernen, wo und wie lange er den Ball festhalten muss, was passiert, wenn er ihn fallen lässt. In dieser Phase lernt Ihr Russell, worauf es bei der Ausführung der Verhaltenskette ankommt. Er lernt, dass es keine Belohnung gibt, wenn er beim letzten Teil der Übung, dem »Aus« – also wenn er Ihnen den Ball in die Hand legt – versagt, und dass er ihn, um überhaupt »Aus« machen zu können, erst aufnehmen muss.

Schon nach kurzer Zeit können Sie sich immer weiter vom auf dem Boden liegenden Ball entfernen. Nun muss der Welpe »Lauf« und »Nimm« ausführen, und wenn er zurückkommt, befehlen Sie »Sitz«, so dass er direkt vor Ihnen sitzt und Sie anschaut.

Zuletzt werfen Sie den Ball, und der Welpe hat auch dann nichts anderes im Sinn als das »Aus«, das ihm die ersehnte Belohnung bringt.

Achten Sie darauf, dass das Training stets unkompliziert und abwechslungsreich ist. Lernen bedeutet Stress – haben Sie deshalb immer Geduld und vor allem Spaß mit Ihrem Russell.

Dog Dancing

also der Tanz mit dem Hund, erfreut sich ebenfalls weltweit ständig wachsender Beliebtheit. Es entwickelte sich in Amerika aus Obedience-Grundübungen, die mit Musikbegleitung ausgeführt wurden.

Mit fortschreitender Entwicklung dieser Disziplin wurden immer neue Tanzfiguren erfunden, und heute enthält gekonntes Dog Dancing u.a. Drehungen, Rollen und Sprünge des Hundes, vorgetragen zum Rhythmus einer frei gewählten Musik. Es ist ein ganz besonderes Vergnügen, Dog Dancing zu beobachten. Auf den Hundeausstellungen sind diese Vorführungen ein echter Publikumsmagnet – sogar für Hunde-Laien. In manchen Ländern gibt es schon Dog Dancing Wettbewerbe, in denen – ähnlich wie beim Eiskunstlauf – sowohl die technische Darbietung (Synchronisation zwischen Hund und Mensch, Schwierigkeitsgrad, Präzision) als auch die künstlerische (Choreographie, Anmut, ggf. Kostüm) bewertet werden.

Bei diesem Sport steht die Mensch-Hund-Beziehung an oberster Stelle; sie muss vielleicht noch enger als bei Obedience sein – worin der Hund natürlich perfekt sein muss, das ist Grundvoraussetzung. Wollen Sie sich mit Ihrem Hund diesem anspruchsvollen Vergnügen widmen, ist fachmännische Anleitung ratsam.

MIT HUNDEN TANZEN

Kay Richards, Züchterin und Ausstellerin, ist erfahrene Trainerin von Russells. Zwei ihrer Hunde sind für Hörgeschädigte ausgebildet, zudem sind ihre Hunde Obedience- und Agility-trainiert. Nun hat sie ihr Interesse am Dog Dancing entdeckt.

»Als ich zum ersten Mal Dog Dancing sah, hatte ich gewaltigen Respekt. Es war mir nicht klar, dass es eine Form von Kunst war, ich dachte, es sei einfach irgendein anderes Training. Ich saß einfach da, beobachtete Hunde und Führer, und fand es wunderschön. Ich fragte mich, ob ich das mit meinem Hund auch schaffen würde, und schloss mich einer Trainingsgruppe an.

Schon mit vier bis sechs Monaten bringe ich meine Welpen zum Ringtraining; sie lernen, an loser Leine zu laufen und sich auf mich zu konzentrieren. Daneben gehen wir zu Sozialisierungsgruppen, damit sie lernen, dass es noch andere Hunde außer Russells gibt, mit denen man spielen kann. Sonst neigen sie dazu, alles, was nicht Russell ist, als Beute anzusehen. Danach, mit fast einem Jahr, fangen wir mit Obedience an.

Beim Dog Dancing bedient sich Kay Richards des Clickers. Foto: Kay Richards

Ebony war meine erste Tanzpartnerin; sie lernte die ersten Bewegungen langsam, da ich nicht wusste, wie ich's anfangen sollte. Jetzt ist es besser: Ich zeige ihr, was sie tun soll, und sobald sie es tut, klicke ich, belohne sie und sage mein Kommando. Dann fordere ich das gleiche noch einmal von ihr, klick, Belohnung, Kommando. Danach mache ich sofort irgendeine Übung, die sie beherrscht, um ihr Selbstvertrauen zu stärken und das Training mit einer positiven Erfahrung enden zu lassen.

Am nächsten Tag, wenn wir das zuvor Gelernte auffrischen, macht sie's schon schneller, und ich zeige ihr meine überschwängliche Begeisterung. Wenn sie's nicht schafft, lasse ich sie sofort eine Übung machen, die sie liebt und ... siehe oben. Russells sind sensibel und intelligent, und wenn ich eines gelernt habe, dann das: Jedes Training muss Spaß bringen.

Die Musik sollte dem Rhythmus des Hundes angepasst sein. Für die Schritte der kleinen Ebony ist leichte Flöten-, Klavier- und Gitarrenmusik ideal.

Die Bewegung eines großen Hundes mag zu Posaunenklängen passen, aber nicht ein Russell. Instrumentalmusik ist übrigens Gesangsstücken vorzuziehen, weil die Sprache den Hund ablenken könnte.

Auch Kostüme können ablenken. In jedem Fall sollte die Vorführung des Hundes im Einklang mit der Musik stets im Vordergrund stehen, die Kleidung ist eher zweitrangig. Dennoch ist es nicht falsch, farblich zum Hund passende Kleidung zu tragen und so dem Publikum eine Botschaft zu vermitteln. Ich versuche beispielsweise, wie ein Hofnarr auszusehen, wenn Ebony und ich nach der Polka »Pie in the Face« von Mancini tanzen, die wie Zirkusmusik klingt.

Ich glaube, Ebony mag Dog Dancing vor allem, weil ich dabei ihr ganz allein gehöre. Ein guter Rat: Versuchen Sie, mit dem Beutetrieb Ihres Russells fertig zu werden – eine starke Versuchung für ihn, sowohl beim Training als auch zu Hause. Da hilft nur Arbeit, Arbeit und nochmals Arbeit. Gegen das ständige Herumschnüffeln versuchen Sie, seine Aufmerksamkeit zu trainieren.

Mindestens fünfmal in der Woche lasse ich Ebony nur rechts oder links neben mir herlaufen. Jedesmal, wenn sie voll zu mir hochblickt, bekommt sie ein Leckerchen. Anfangs habe ich geklickt und sie dann erst belohnt; jetzt sage ich einfach »Ja«, statt zu klicken, auch wenn das eine geringe Zeitverzögerung bedeutet. Man sollte grundsätzlich jede Situation auch ohne Klicker üben.

Zurzeit haben wir ein anderes Problem: Ebony reagiert zunehmend auf Geräusche. Das steckt in meiner Zuchtlinie (nach 12-jähriger Zucht weiß ich das).

Meine Stammhunde waren leicht auszubilden und sehr unterordnungswillig; es waren die idealen Familienhunde, aber ein scharfer Befehl oder ein lautes Geräusch warfen sie völlig aus der Bahn.

Nun verbringe ich viel Zeit damit, nur Rhythmusübungen zu praktizieren, während meine Freunde um uns herum alle Arten von Krach machen. Jedesmal, wenn mein Hund zusammenzuckt, bekommt er ein ganz spezielles Leckerchen. Ich hoffe, dass sie irgendwann laute Geräusche mit einer positiven Erfahrung zu verbinden lernt und sie ihr nichts mehr ausmachen.

Dog Dancing ist ein Mannschaftssport für zwei, in dem der Hund von Ihrer Energie zehrt: Sind Sie müde und deprimiert, zeigt sich auch Ihr Hund nicht anders.

Ohne völliges gegenseitiges Vertrauen läuft gar nichts.«

Der Jagdterrier

Ob Sie es mögen oder nicht, Russells wurden nun mal zur Jagd gezüchtet. Die Zeiten haben sich geändert, und die Einstellung zur Jagd auch, nicht aber der Jagdinstinkt dieses Hundes. Damit müssen Sie als Besitzer eines Russells leben.

Auch wenn Ihnen nichts ferner liegt, als mit Ihrem Hund zu jagen, kostet es einige Mühe, ihn davon abzuhalten, hinter einer Ratte oder einem Kaninchen herzujagen und im nächsten Erdloch zu verschwinden.

Obwohl es immer stärkere gesetzliche Einschränkungen für die Jagd gibt, deren Popularität ohnehin sinkt, ist es für viele ein großes Vergnügen, ihrem Terrier bei seinem ursprünglichen Verwendungszweck zuzusehen. Russells mussten die Jagdbeute auch unter der Erde verfolgen und stellen; sie hatten den Fuchs entweder zu sprengen, so dass die Jagd weitergehen konnte oder das Tier geschossen werden konnte, oder durch ihr Gebell anzuzeigen, wo das gejagte Wild sich verkrochen hatte, damit die Jäger es ausgraben konnten.

Kamen sich Hund und Fuchs nahe, konnte das mit ernsten Verletzungen auf beiden Seiten einhergehen.

In der heutigen Zeit ist die Jagd mit strengen Auflagen versehen.

Falls Sie sich wirklich diesem Sport widmen möchten, sollten Sie sich einem Jagdgebrauchshund-Verein anschließen, in dem Sie und Ihr Hund auf diese verantwortungsvolle Beschäftigung vorbereitet werden. Es ist streng verboten, den Hund einfach in Feld und Wald nach Herzenslust jagen zu lassen!

JAGDGEFLÜSTER

Brian Male, der Vorsitzende des englischen Jack Russell Terrier Clubs, hat sein Leben lang mit Russells gejagt.

»Schon seit 40 Jahren interessiere ich mich für die Jagd mit Terriern«, berichtet er. »Als Kind hatte ich einen Drahthaar-Foxterrier, der eines Tages einen Hasen aufscheuchte, ihn einige Runden lang verfolgte und schließlich fing. Den Hasen ließen wir uns einen Abend später schmecken, und seitdem bin ich total begeistert von der Jagd.

Brian Male mit seiner Parson Russell-Meute.

Seit der Zeit habe ich alle Arten Wild mit meinen Terriern gejagt, sechs Jahre war ich Hobby-Jäger. Heute habe ich eine eigene kleine Farm, auf der mir meine Russells bei der Nagerkontrolle helfen. Daneben unterstütze ich andere Farmer mit meiner Meute, ihre Anwesen von Raubzeug freizuhalten. Die Terrier verscheuchen die Ratten, ohne ihnen etwas anzutun, oder sie töten sie mit einem Biss.

Ein Terrier hat einen ganz eigenen Charakter mit etlichen Vorzügen, die anderen Rassen abgehen. Wind und Wetter machen ihm nichts aus, er genießt aber auch sein Schoßhund-Dasein vor dem Fernseher. Er lässt keine Wünsche offen und passt sich jeder Situation an! Ihn jagen zu lassen, kommt seinen angeborenen Instinkten entgegen, sei es eine lebende Beute in Feld und Wald oder einen alten Socken oder einen Ball im Garten. Es macht ihn glücklich!

Ein guter Jagdterrier ist belastbar und intelligent, daneben muss er ein Haar haben, das jedem Wetter widersteht und ihn auch unter der Erde schützt. Er hat starke Kiefer, um sich verteidigen zu können und ist sehr wendig – sogar im Erdloch muss er sich notfalls umdrehen können. Vor allem muss er vorzügliches Temperament haben, er muss sich jederzeit von jedem anfassen lassen. Menschen und anderen Hunden gegenüber darf er nicht aggressiv sein.

Ich jage mit zwölf Terriern, jeder von ihnen hat seine Eigenheiten und Stärken; ich weiß genau, welchen Hund ich in welcher Situation einsetzen kann. Einige arbeiten besser unter der Erde, andere darüber; einige wollen nicht beim im Bau gestellten Fuchs bleiben und sprengen ihn – was völlig OK ist, wenn man keine Lust hat, zu graben. Jede Situation ist eben anders! In welchem Alter man die Jagdausbildung beginnen sollte, ist von Hund zu Hund unterschiedlich, je nach Entwicklung und Lernverhalten des Hundes. Mit der Zeit erkennt man das. Systematisches Training als solches gibt es nicht: Sie gucken sich voneinander ab und entwickeln allmählich ihre Instinkte. Vor allem muss es ihnen Spaß machen – mit Zwang geht nichts.

Mit dem Jagen will ich primär meinen Hunden etwas Gutes tun. Ich hänge sehr an ihnen – es sind meine besten Freunde. Außerdem genieße ich den Aufenthalt in der Natur mit Gleichgesinnten! Das Ziel meiner Wünsche ist aber die Liebe meiner Hunde – und die ist mir sicher.«

Ausstellungen

Jeder hat den schönsten Hund, zumindest in seinen eigenen Augen – und das muss auch so sein. Um im Ausstellungsring zu bestehen, muss er aber höheren Anforderungen genügen! Zuchtschauen – das ist eine andere, treffende Bezeichnung – dienen dazu, die Zucht einer Rasse zu fördern, indem hervorragende Rassevertreter gezeigt werden.

Haben Sie ernsthaftes Interesse daran, Ihren Hund auf einer nationalen oder internationalen Zuchtschau Ihres nationalen, der FCI angeschlossenen kynologischen Dachverbandes auszustellen, muss er vor allem eine anerkannte Ahnentafel haben. In Großbritannien ist nur der Parson Russell als Rasse anerkannt, in der FCI seit dem Jahr 2000 auch der Jack Russell Terrier.

Jeder hält seinen Hund für den schönsten – und das ist auch gut so, reicht aber für Erfolge im Ring nicht aus.

Sie selbst können das geschickte Vorführen Ihres Hundes im Ring lernen, ob sich Ihr Kleiner aber zu einem idealen Rassevertreter entwickelt, können Sie kaum beeinflussen. Lassen Sie der Natur ihren Lauf! Ihr erfahrener Züchter hat einen Blick für das Potenzial, das in seinen Welpen steckt, deshalb sollten Sie ihn rechtzeitig darauf hinweisen, wenn Sie ausstellen wollen. Natürlich ist Ihr Züchter kein Hellseher, garantieren kann auch er für nichts.

Am besten, Sie zeigen ihm Ihren erwachsenen Russell und bitten ihn um seine ehrliche Meinung, um Geld, Zeit und Energie zu sparen und Enttäuschungen vorzubeugen. Wenn er Ihnen aber grünes Licht gibt: Stürzen Sie sich in das Vergnügen! Zwar braucht das Haar eines Russells nicht übermäßig viel Vorbereitung für den Ring, dennoch ist der Aufwand nicht zu unterschätzen – sowohl der zeitliche als auch der finanzielle.

Vielleicht gehören Sie ja zu denen, die ohne Hundeausstellungen nicht leben können! Sie sind Ihr Hobby und Teil Ihres sozialen Lebens. Unter diesem Aspekt ist sicher jeder Aufwand gerechtfertigt. Auf Ausstellungen trifft man Gleichgesinnte, man kann neue Freunde finden, und man kann den Stolz auf seinen Hund teilen. Gewinnt er, umso besser! Und wenn nicht, haben Sie wenigstens einen vergnüglichen Tag verbracht.

Ringtraining

Fangen Sie schon frühzeitig an, Ihren Welpen für seinen Auftritt im Ring zu trainieren. Das tut auch Ihnen als Vorführer gut! Ringtraining wird von vielen örtlichen Untergruppen der Rassezuchtvereine angeboten; dort lernen Sie, wie Sie Ihren Hund möglichst vorteilhaft im Ring aufzustellen und mit ihm zu laufen haben, dazu ist es eine gute Gelegenheit für Ihren Kleinen, Kontakte zu Artgenossen zu knüpfen, sich vom Richter anfassen zu lassen und zu lernen, wie er sich im Ring zu verhalten hat.

Achten Sie darauf, dass Ihr Hund stets Spaß an der Sache hat!

Das Stehen

fällt Ihrem Temperamentsbündel sicher nicht leicht! Er sollte natürlich mit parallelen Vorder- und Hinterläufen stehen, wobei Kopf und Rute erhoben sind und der Rücken gerade ist. Im Idealfall tut er das allein, sonst dürfen Sie ihn auch »aufbauen«.

Steht er endlich in der richtigen Position, sagen Sie »Steh«, warten Sie einige Sekunden, dann loben und belohnen Sie ihn. Lassen Sie ihn immer länger in der gewünschten Position stehen, bis er schließlich gelernt hat, was von ihm erwartet wird, wenn das Kommando »Steh« ertönt.

Das Anfassen

Hat der Richter sich aus der Entfernung einen ersten Eindruck von Ihrem Hund verschafft, vergleicht er ihn mit den Anforderungen des Rassestandards (siehe Kapitel 8). Hierzu tastet er ihn von vorn bis hinten auch an empfindlichen Stellen ab, um das Gebiss, den Körperbau, die Hoden und das Haar zu überprüfen. Dies muss Ihr Russell entspannt über sich ergehen lassen, keinesfalls darf er den Richter anknurren oder gar schnappen – zu einem guten Hund gehört unbedingt auch ein sicheres Verhalten. Lassen Sie ihn deshalb schon von klein an von Fremden anfassen, auch hier hilft die frühe Sozialisierung (siehe Kapitel 3).

Das Laufen

Zur Beurteilung des Gangwerks zeigt Ihnen der Richter, in welche Richtung Sie mit Ihrem Russell laufen sollen. Ihr Hund muss dabei geradeaus mit erhobenem Kopf neben Ihnen hertraben, ohne an der Leine zu ziehen. Im

Mit etwas Glück entwickelt sich Ihr Welpe zu einem guten Ausstellungshund.

SHOWGIRLS

Die Engländerin Tracey Stark wurde schon vom Ausstellungsfieber gepackt, als sie noch den English Bulldog ihrer Eltern vorführte. Als ihr Mann Martin den Wunsch äußerte, einen Parson Russell anzuschaffen, bestand sie auf einem Hund, der sich für den Ring eignete. Seit drei Jahren stellt sie Sally nun schon aus und erzählt:

»Die erste Schau mit Sally war ein echter Horror. Vor lauter Begeisterung drehte sie völlig durch, sie zog nur an der Leine, der Richter konnte sich ihr kaum nähern. Wir gingen zu einem Ringtraining speziell für Terrier, um sie an andere Hunde zu gewöhnen, und jetzt läuft alles problemlos.

Außerhalb des Rings zieht sie zu jedem Menschen und jedem Hund hin, weil sie so freundlich ist, aber im Ring weiß sie genau, was von ihr erwartet wird. Sie benimmt sich vorbildlich. Sie ist schon zweimal in starker Konkurrenz Vierte geworden.

Sally – ein rassetypischer Parson Russell Terrier.

Ich habe jetzt noch eine sieben Wochen alte Hündin, die ich auch ausstellen möchte, sobald sie das Mindestalter erreicht hat. Sie ist schon fürs Ringtraining angemeldet! Sie muss sich an andere Hunde gewöhnen und lernen, im Ring richtig zu stehen und sich von Fremden anfassen zu lassen, damit es auf dem Richtertisch keine Schwierigkeiten gibt. Außerdem lerne ich selbst als Vorführerin immer wieder dazu!

Ich finde es aufregend, von Beginn an aktiv an der Entwicklung einer Rasse beteiligt zu sein – obwohl der Parson Russell in England noch nicht allzu lange offiziell anerkannt ist und somit auch erst in der jüngeren Vergangenheit zum Ausstellungsgeschehen gehört, ist die Konkurrenz beachtlich.

Ein Ausstellungsneuling sollte ein ziemlich dickes Fell haben. Einmal steht man mit seinem Prachtstück ganz vorn, dann wieder weit hinten, damit muss man fertig werden! Lassen Sie sich nicht entmutigen: Sie selbst werden als Vorführer immer geschickter, und das lässt Ihren Hund im Ring immer vorteilhafter wirken. Martin, mein Mann, und Sally sind das beste Beispiel!

Das Ausstellen kann zur Droge werden, man wird irgendwie abhängig. Und es geht beileibe nicht nur ums Gewinnen! Manche neuen Freunde trifft man eben nur am Ringrand.

Ich bin oft gefragt worden, ob es nicht langweilig sei, jedes Wochenende das Gleiche zu tun. Es ist aber nicht das Gleiche: Die Teilnehmer wechseln, und im Ring läuft es auch mal so – mal so. Es macht einfach immer wieder neu Riesenspaß!«

Terrier-Rennen sind ein Riesenspaß.
Foto: Brian Male

Idealfall (wenn Sie ihn mit viel Lob und Ermunterung dazu erzogen haben) tut er das sogar an lockerer Leine!

Terrierrennen

Dies ist ein Riesenvergnügen, bei dem Ihr Russell seinen Beutetrieb austoben kann, ohne ein Blutbad anzurichten. Insofern sind solche Rennen nicht nur bei Jagdbegeisterten beliebt, die die Instinkte ihres Hundes fördern wollen, sondern auch bei den erklärten Jagdgegnern, die wissen, dass sie den Jagdtrieb ihres Hundes nicht einfach ignorieren dürfen.

Terrierrennen erfreuen sich vor allem in Großbritannien und den USA einiger Beliebtheit, bei uns sind sie eher selten. Bei diesem Sport laufen sechs Hunde um die Wette auf einer geraden, ca. 50-100 m langen Strecke hinter einem künstlichen »Hasen« her, der an einer Schnur vor ihnen hergezogen wird. Zusätzlich können auf der Rennbahn noch Hürden aufgebaut sein, deren Höhe von der Größe und dem Alter der teilnehmenden Hunde abhängt. Man glaubt nicht, was für eine Geschwindigkeit manche Russells hierbei entwickeln! Selbstverständlich muss der Hund auch auf diesen Sport durch sinnvolles Training vorbereitet werden.

Erste Übungen

Schon recht früh lässt sich erkennen, ob ein Russell sich für diesen Sport eignet. Wichtiger als die körperlichen Voraussetzungen ist in diesem Fall das Temperament des Hundes. Aus fast jedem selbstbewussten, verspielten Hund, der hinter allem und jedem herjagt, kann sich ein guter »Rennhund« entwickeln; ein scheuer, ängstlicher Russell wird nie Erfolg – geschweige denn Spaß! – bei dieser Betätigung haben.

JAGDFIEBER

David Miller liebt es, bei Terrierrennen zuzuschauen, ebenso wie seine Hunde es lieben, mitzumachen! Sein erster »Renn-Russell«, Odie, war einfach phantastisch; er errang schon mit elf Monaten seinen Championtitel. Seitdem ist David von diesem Sport besessen.

»Beim Rennen haben die Hunde Riesenspaß, und ich selbst genieße die Ungewissheit über das, was so alles passieren kann. Ein bekannter Champion sieht wie der sichere Sieger aus, aber ein Fehltritt an einer Hürde oder eine Rempelei mit einem anderen Hund – und das war's!

Als Odie seinen Championtitel errang, war ich mächtig stolz. Er musste gegen einen Hund laufen, der ihn kurz vorher zweimal geschlagen hatte, deshalb war unsere Freude und Überraschung umso größer.

Mit seinen 37 cm war Odie ziemlich groß; dazu war er total beuteverrückt.

Wir lassen die Hunde mit Maulkorb starten, für den Fall, dass einer der Terrier sich im Überschwang mit den anderen anzulegen versucht. Odies Ausdruck war köstlich, wenn ein Hund ihn anmachte! Die zurückgelegten Ohren und sein Blick sprachen Bände: »Lass das, wir sind zum Vergnügen hier! Außerdem hast du gegen mich sowieso keine Chance!« Seine Stärke war unverkennbar.

Sobald Odie in die Startbox gesetzt wurde, war er nicht mehr zu bremsen. Wir tragen bei dieser Aktion verstärkte T-Shirts – jedes normale Hemd würde dabei in Fetzen gehen. Aber selbst das kann nicht verhindern, dass meine Brust manchmal voller blauer Flecken ist.

Gelegentlich durfte Odie auch mit zur Jagd, aber das Rennen ist ungefährlicher. Als er sein erstes Murmeltier jagte, handelte er sich eine klaffende Wunde an einer Pfote ein. Diese Tiere können einen Hund mit ihren scharfen Klauen und den großen Zähnen sogar töten, und auch Füchse sind nicht ohne.

Leider wurde Odie im vergangenen Jahr von einem Auto überfahren, als er über den Gartenzaun ausgerissen war. Er war erst sechs Jahre alt.

Sein Sohn Moose hat seine Rennbegeisterung geerbt, ebenso wie seine übrigen sieben Kinder und Enkel, die an Terrierrennen teilnehmen. In ihnen lebt er für uns weiter.«

DISC DOGGING

Disc Dogging – eine weitere Sportart, die sich schon seit ungefähr 25 Jahren in den USA etabliert hat. Zunächst wurden die Höhe und der Stil, in der die Hunde die Scheibe fingen, bewertet; heute werden im Wettbewerb mehr Scheiben eingesetzt, und die Hundeführer sind stärker einbezogen. Das macht die Sache aufregender.

Lou Mack (oben) wurde zweimal Weltmeister mit seinem Parson Russell »Air« Max. Max stammt aus einer Zucht in Kalifornien und ist heute weltweit einer der besten Disc Dogging-Hunde. Lou hat Max einige spektakuläre Kunststücke beigebracht; zum Beispiel den Handstand auf Lous Hand (unten links), oder den Sprung über einen anderen Hund, während er die Scheibe fängt (unten rechts).

Fotos: Lou Mack

HEARING DOG
FOR
THE DEAF
HEARING DOGS
FOR DEAF PEOPLE

Kapitel 7

Helfer auf vier Pfoten

Der Russell hat nichts von seiner Gebrauchstüchtigkeit verloren. Als emsiges Energiebündel will und muss er ausgelastet sein, sowohl mental als auch physisch. Obwohl er auf Grund seiner geringen Größe als Helfer für Behinderte nicht in Frage kommt – beispielsweise als Blindenführhund –, ist er in anderen Bereichen der ideale Helfer auf vier Pfoten. Zwar ist der Russell für Einsätze, die körperliche Kraft erfordern, nicht geeignet, seine geringe Größe erweist sich unter den richtigen Bedingungen aber als besonderer Vorzug. Menschen, denen Hunde von Nutzen sein können, kommen aus allen sozialen Schichten. Manche haben keinen Platz für einen großen Hund, sie sind mit einem Russell glücklicher als mit einem, sagen wir, Golden Retriever.

Kleinere Hunde vereinfachen auch die Aktivitäten des Alltags – z.B. passen sie in jedes Auto, und man kann sie problemlos auf den Schoß nehmen. Der Unterhalt ist sowohl bei Parson als auch Jack Russell nicht zu kostspielig. Er frisst bei weitem nicht so viel wie ein Großer (obwohl er Sie vielleicht vom Gegenteil überzeugen will), und auch die Tierarztkosten sind geringer.

Hunde für Gehörlose

Größe und Aussehen sind völlig unbedeutend bei Hunden, die gehörlosen Mitmenschen bei der Bewältigung des täglichen Lebens beistehen sollen. Ihre Aufgabe besteht darin, auf alltägliche Geräusche aufmerksam zu machen. Russells sind dazu besonders geeignet, wie Claire Guest, Direktorin der betroffenen britischen Organisation, feststellt. »Russell Terrier sind flink und wachsam und somit prädestiniert für das schnelle Reagieren auf Geräusche. Sie sind schnell auf den Läufen, unermüdlich und haben Tag und Nacht zumindest ein offenes Ohr. Diese Arbeit ist aber den Rasseexemplaren vorbehalten, deren Jagdinstinkte nicht sehr ausgeprägt sind und die sich sowohl Menschen als auch anderen Tieren gegenüber verträglich zeigen.«

EIN NEUES LEBEN FÜR SCAMPI

Scampi hat das Leben von Jean Lawrence völlig umgekrempelt.
Foto: Studio Norwich Photographers

Jean Lawrence, zu 95 % gehörlos, kann die Freundlichkeit des Parson Russells bezeugen. Ihr dreifarbiger Rüde Scampi hat ihr Leben unendlich verbessert.

»Wie so viele andere Hunde für Gehörlose kommt auch Scampi aus einem Tierheim, seine Herkunft ist unbekannt,« sagt sie. »Er reagierte aber auf jedes Geräusch, war am liebsten bei Menschen und dabei außerordentlich sanft – brachte also alle Voraussetzungen für einen Hund mit, der seinen Schutzbefohlenen in allen möglichen Situationen begleiten musste.

Nachdem er verlässlich sozialisiert war, lernte er, mich auf Geräusche wie das Weckerrasseln, die Türglocke, Türklopfen, Telefon- und Faxklingeln sowie das Schrillen der Alarmanlage aufmerksam zu machen und mich bei Rauch- und Kohlenmonoxydentwicklung zu alarmieren. Außerdem brachte man ihm bei, was es bedeutete, wenn meine Familie »Rufe Jean« bat oder ich meinen Mann mit »Rufe Gerald« herbeiholen wollte.

Nachdem er trainiert war, musste ich lernen, für ihn zu sorgen und angemessen zu reagieren, wenn er mich auf eines »unserer« Geräusche hinwies. Dabei erkannte ich, dass in meinem kleinen Hund ein ganz großer steckt! Er ist mit so viel Begeisterung bei der Sache, dass er manchmal vergisst, dass er mich nur am Knie berühren muss, wenn ich sitze oder stehe – nicht auf der Schulter, als ob ich läge!

Zuhause angekommen, entwickelten wir eine sehr enge Beziehung. Wir übten regelmäßig, auch Obedience, und liebten die Spaziergänge, das Bürsten und unser Kuscheln zusammen! Voller Stolz bestanden wir die Prüfung, weil unsere Zusammenarbeit reibungslos klappte. Scampi wurde mit dem gelben Mäntelchen des geprüften Gehörlosenhundes belohnt.

Scampi ist mein Gehör. Seine Arbeit hat mich wieder unabhängig gemacht, ich kann wie früher zum Familienleben beitragen. Scampis rassetypische Verspieltheit und sein Stolz haben mein Selbstvertrauen gestärkt und mir die Freiheit geschenkt, mein Leben so zu leben, als ob ich hören könnte.

Außerdem ist er mein bester Freund; er nimmt mich so, wie ich bin, und wir verstehen uns blind. Er heitert mich auf, wenn ich deprimiert bin, indem er mich anschaut, anstupst oder mir sanft die Hand leckt. Ich kann ihm nicht widerstehen! Er zeigt ganz deutlich, dass er sich über mein Lachen freut, er hat aber auch erkannt, dass ich auf seine Stimme nicht reagiere.

Ich finde Scampi wunderbar, aber ich bin nicht objektiv, das gebe ich zu. Ob er perfekt ist? Für mich ganz sicher – und sein ganz eigener Arbeitsstil hält uns beide auf Trab.

Als typischer Russell jagte er anfangs mit Freuden Kaninchen; das habe ich aber in den Griff bekommen, indem ich ihn immer dann, wenn er eines sah, aber nicht hinterher jagte, belohnte. Heute sitzt er ruhig vor mir und beobachtet sie!

Manchmal schlägt er in seinem Übereifer über die Stränge: Einmal führte er mich im Heimwerkermarkt zu einer ausgestellten Haustür, an der jemand nur die Türglocke ausprobierte. Außerdem ist er ein kleines Sprungwunder: Manchmal springt er aus seinem Körbchen direkt auf mein Bett, wenn der Wecker klingelt. Zusätzlich zu der obligatorischen Schulterberührung gibt er mir ein Küßchen auf die Wange, weil er hellwach ist und sich toll findet.

Seine sanfte Seite kommt durch, wenn er fühlt, dass es mir nicht gut geht, und wenn er mich zu Schulen oder Jugendgruppen begleitet, in denen ich über seine Arbeit berichte. Er liebt die Gesellschaft von Kindern!

Scampi ist etwas ganz Besonderes für mich. Ich habe auch meine vorherigen Haustiere gern gehabt, aber Scampi liebe ich über alles. Umgekehrt tut ihm unser ständiges Zusammensein ganz besonders gut.

Er ist sehr stolz, wenn er mich zu Plätzen begleiten darf, die für andere Hunde tabu sind (manche Läden, z.B.), und sonnt sich in der Aufmerksamkeit, die man ihm entgegenbringt. Sein Gesicht hat dann einen Ausdruck von »Bin ich nicht unwiderstehlich?« Das lässt dann garantiert jeden dahinschmelzen!«

Therapiehunde

Therapiehunde besuchen mit ihren Besitzern auf freiwilliger Basis Krankenhäuser, Hospize und Altenheime, um Freude in den Alltag der kranken oder alten Menschen, die nur noch wenig Kontakt zur Außenwelt haben, zu bringen. Tiere haben sich als therapeutisch außerordentlich wertvoll für Menschen aller Altersstufen erwiesen.

Russells sind von Natur aus neugierig; sie machen gern neue Erfahrungen und schließen mit Begeisterung Freundschaften, deshalb sind sie für die Arbeit als Therapiehunde prädestiniert. Klein, wie sie sind, können sie sich auf jeden Schoß und auf jedes Bett kuscheln. Es gibt wohl niemanden, bei dem sie mit ihrem freundlichen, zutraulichen Wesen und ihrem lustigen Verhalten nicht ankommen!

EIN SONNENSTRAHL

Schon seit drei Jahren besucht Anne Graham mit Peggy, ihrer sechsjährigen geprüften Therapiehündin, ein Kinderkrankenhaus und ein Altenheim.

»Von einem Freund, der in der Zeitung darüber gelesen hatte, wurde ich auf Therapiehunde aufmerksam gemacht. Diese Idee fand ich gut. Meist vermissen Krankenhauspatienten ihre Tiere schrecklich, und nur selten dürfen Senioren, wenn sie ins Heim müssen, ihre Hunde oder Katzen mitbringen; sie würden sich vielleicht über meinen Hund freuen.

Peggy hat alle Voraussetzungen eines Therapiehundes: Sie ist gutartig, menschenfreundlich und hat das perfekte Temperament für diesen Job. Mein zweiter Hund, ein Labrador, ist ebenfalls Therapiehund, aber Peggy passt leicht auf den Schoß oder das Bett von Patienten.

Russells sind lustig und machen süchtig! Labs sind stoisch gutartig, ausgeglichen und zuverlässig, das Lustige am Russell ist: Er ist das nicht! Er ist voller Leben. Zum Glück ist Peggy bei ihren Besuchen immer ruhig und sanft, sie nimmt ihre Arbeit sehr ernst. Bevor sie als Therapiehund registriert wurde, musste sie einen Wesenstest bestehen und außerdem voll geimpft und entwurmt sein. Wenn wir durchs Krankenhaus zur Kinderstation gehen, fangen alle – Patienten, Schwestern und Besucher – an zu strahlen. Peggys Besuch ist für die Kranken und Alten der Höhepunkt des Tages, sie wirkt wie eine Aufmunterungsspritze. Mit ihr vergessen die Patienten für eine kurze Zeit ihre Krankheit, ihr Leiden und ihre Ängste, und sie hat so manche Träne getrocknet. Sie bringt Sonnenschein in einen langen dunklen Tag.

Peggy auf der Kinderstation.
Foto: North of England Newspapers

Zum Glück bleiben nur wenige Kinder lange im Krankenhaus, deshalb sehen wir kaum ein Kind mehr als einmal. Ganz anders ist es bei den Senioren: Wir besuchen sie jede Woche und bauen eine echte Beziehung zu ihnen auf. Sie streicheln Peggy und kraulen sie am Bauch, während sie von den Hunden erzählen, die früher bei ihnen gelebt haben.

Peggy liebt ihre Arbeit und fühlt sich sehr wichtig, wenn sie an der Leine durchs Heim trottet. Als willkommenes Extra fällt dann und wann ein Leckerchen ab.

Es ist ein großes Glück für mich, mein Leben mit Peggy zu teilen, und ich genieße es, andere an ihr teilhaben zu lassen. Geteilte Freude ist doppelte Freude!«

Hunde für Körperbehinderte

Als Helfer für Behinderte werden vor allem größere Hunde, wie Labrador oder Golden Retriever, ausgebildet. Sie können schon allein auf Grund ihrer Größe und Kraft mehr Aufgaben verrichten als ein kleiner Russell.

Das hat die Amerikanerin Chris Cox, eine erfahrene Obedience-Trainerin, nicht davon abgehalten, ihre Hündin Daisy zu ihrer persönlichen »Assistentin« auszubilden, als bei ihr Multiple Sklerose diagnostiziert wurde. Und Daisy ist mit Feuereifer dabei!

DAISY – EIN MULTITALENT

»Vor 4 ½ Jahren wurde ich mit der Diagnose Multiple Sklerose konfrontiert, und eine Zeit lang war ich ziemlich fertig,« erzählt Chris. »Auf einem Besuch bei Pferdefreunden (ich züchte und trainiere Turnierpferde für das Reining) lernte ich mit meinem Mann Dale deren Parson Russell Welpen kennen. Während der Heimfahrt sprachen wir über die Anschaffung eines Hundes, der mir Gesellschaft leistete – sowohl, wenn mich die Krankheit ans Haus fesselte, als auch bei meiner Arbeit mit den Pferden. Meine Daisy hat all unsere Erwartungen erfüllt. Wenn sie spürt, dass es mir nicht gut geht, weicht sie nicht von meiner Seite. Daisy ist der erste Hund, den ich erzogen habe und den ich ausstellen wollte. Wir nahmen an zwei Obedience-Kursen teil, überwiegend haben wir aber zu Hause während unseres ganz normalen Tagesablaufs trainiert. Unser Obedience-Trainer brachte uns dazu, Daisys Künste in Schulen und auf Gemeindeveranstaltungen zu demonstrieren, er brachte uns auch dazu, Daisy auszustellen, sobald die Rasse anerkannt war. Daisy errang sehr schnell alle möglichen Titel als ausgebildeter Begleithund – sie war zu jener Zeit keine 20 Monate alt. Auch die Erfolge in Obedience blieben nicht aus; sie war die erste Vertreterin ihrer Rasse mit anerkanntem Obedience-Titel.

Ich denke, dass Daisys Geschick bei der Therapiearbeit nicht zuletzt ihrer Obedience-Ausbildung zu verdanken ist – alle ihre Fertigkeiten sind ihr gleichsam zugeflogen. Eine große Hilfe von Beginn an war, dass sie einfach für mich da war. Sie ist ein großer Trost für mich – wenn ich zu nichts in der Lage bin, sitzt sie geduldig den ganzen Tag lang da (nicht gerade typisch für diese Rasse, ich weiß das!). Wenn ich deprimiert bin, versucht sie mit allen Mitteln, mich aufzuheitern – sie macht Mätzchen und küsst mich überschwänglich.

Daisy »findet Papa« (meinen Mann) und holt ihn herbei, sei es zu Hause oder auf einer Pferdeschau. Sie bringt mir Pantoffeln und Sweatshirt, die Fernbedienung, das Telefon und hebt alles auf, worauf ich zeigen kann (wenn sie das Wort nicht kennt). Wenn ich etwas fallen lasse (und das passiert leider sehr oft), hebt sie es automatisch auf und bringt es mir.

Sie hat mir so viel Freude bereitet und so geholfen, dass ich andere an ihr teilhaben lassen wollte. Deshalb habe ich mit ihr und auch meinem Rüden Whip gern an einem Test teilgenommen, als Therapiehunde gesucht wurden. Ich weiß heute, dass alle anderen Hunde auf Lehrgängen hierauf vorbereitet worden waren; dennoch bestanden Whip und Daisy die Prüfung mit Leichtigkeit – wahrscheinlich, weil die Prüfer nichts nach ihnen werfen konnten, was sie durch mich nicht schon kannten!

Daisy und ich nehmen nun an einem Pilotprojekt teil, in dem Behinderte lernen, ihre Hunde selbst auszubilden. Weil ich selbst nicht Auto fahre und mein Mann im Schichtdienst arbeitet, ist es für mich schwierig, zu den Übungsstunden zu kommen (es ist immerhin über eine Stunde Fahrt). Da aber die anderen Hundebesitzer noch nicht so erfahren sind in Obedience wie Daisy und ich, organisieren sie, wenn möglich, einen Fahrdienst, damit wir zumindest dann dabei sind, wenn es etwas Neues zu lernen gilt.

Wenn dieses Programm sich bewährt und ich irgendwann noch abhängiger von Daisy werde, kann sie ein Therapiehund mit Lizenz werden, der das gesetzliche Recht hat, mich überall hin zu begleiten (ebenso wie zum Beispiel ein Blindenhund). Dass sie erst vier ist und aus einer langlebigen Linie stammt, hindert mich daran, verrückt zu werden, wenn es mir schlecht geht. Daisy liebt die Besuche in Schulen, Pflegeheimen und Krankenhäusern. Sie merkt genau, wann die Patienten keine Küsse mögen (sie selbst liebt das!), geht mit den schwächeren Patienten behutsam um und lässt sich ruhig streicheln und hört ihnen einfach zu. Whip fühlt sich am wohlsten, wenn er geknuddelt wird. Er stupst seinen Kopf so lange in die Hände der Patienten, bis sie ihn streicheln. Mit den Kindern spielt er am liebsten Ball, aber das Knuddeln ist's, wonach er sich sehnt.

Chris Cox kann sich ein Leben ohne Daisy nicht mehr vorstellen.
Foto: Chris Cox

Daisy führt auch mit Begeisterung Kunststücke vor: Besonders gern dreht sie sich wie ein Reiningpferd im »Spin«. Ein »Spin« hat vier Umdrehunen und Daisy zählt mit – sie dreht sich genau viermal.

Daisy ist auf den Pferdeschauen bekannt wie ein bunter Hund; sie liebt das Reiten. Sobald wir auf einem Pferd sitzen, kann sie es nicht erwarten, bis es losgeht. Sie ist immer die erste, die auf den Rücken meiner jungen Pferde kommt, und die Fohlen gewöhnen sich daran, noch bevor sie entwöhnt sind. (Tatsächlich will sie auf diese Kerle klettern, ehrlich!).

Ich habe nun drei Russells (Hannah ist noch dazugekommen); sie alle sind 24 Stunden am Tag um mich herum. Es sind meine Kinder und ziemlich verwöhnt, haben aber alle eine Obedience-Ausbildung. Ich kann mir ein Leben ohne meine Hunde nicht mehr vorstellen. Sie sind immer für mich da und helfen mir bei allem, was ich tue. Manchmal fällt mir schon das Aufstehen schwer, aber wenn mir die drei nachdrücklich klarmachen, dass sie nach draußen müssen, reiße ich mich zusammen. Sie sind immer zum Spielen und Kuscheln aufgelegt und tun gern, was ich von ihnen verlange. Außerdem haben wir auf dem Hof ihretwegen keine Probleme mehr mit Ratten und Murmeltieren!«

Kapitel 8

Die Rassestandards

Jeder Russell ist einzigartig – seine Persönlichkeit ergibt sich aus seinen jeweiligen Erbanlagen und den Umwelteinflüssen, denen er ausgesetzt ist. Dennoch haben sowohl alle Parsons wie auch die Jack Russells gewisse Merkmale, die alle Exemplare der jeweiligen Rasse aufweisen – seien es der charakteristische Körperbau oder das typische Temperament. Diese prägenden Merkmale sind in den beiden Rassestandards festgeschrieben; sie stellen das Zuchtziel dar, das verantwortungsbewusste Züchter anstreben.

Seit Tausenden von Jahren werden Hunde für bestimmte Zwecke gezüchtet – als Jagd-, Wach-, Hüte-, Treib- oder Begleithunde, um nur einige zu nennen. In Folge gezielter Zucht auf die hierfür jeweils notwendigen physischen und mentalen Voraussetzungen entwickelten sich letztlich die verschiedenen Rassetypen – vom Chihuahua bis zur riesigen Deutschen Dogge.

Im Laufe der Zeit wurde die Hauptaufgabe des Hundes jedoch die des Begleiters. Zwar stehen auch heute noch manche Hunde im Gebrauch, die meisten werden aber als Haushunde gehalten. Bei so vielen arbeitslos gewordenen ursprünglichen Gebrauchshundrassen ist es Aufgabe der Rassestandards, dafür zu sorgen, dass

Jeder Züchter möchte Welpen haben, die dem Rassestandard so nahe wie möglich kommen.

die Fähigkeiten zur Arbeit nicht verloren gehen, das heißt, dass die charakteristischen Rassemerkmale nicht verloren gehen. Es ist Aufgabe der Züchter, den ursprünglichen Verwendungszweck ihrer Rasse nicht aus dem Auge zu verlieren und ihre Zuchthunde entsprechend auszuwählen.

Die Rassemerkmale

Obwohl Parson Russell Terrier und Jack Russell Terrier denselben Ursprung haben, unterscheiden sich die beiden Rassen deutlich in ihrem Erscheinungsbild. Die verbreitete Annahme, der Jack Russell sei einfach eine Kleinausgabe des Parson Russells, ist schlicht falsch! Zwar sind etliche Standardforderungen gleich, dennoch gibt es markante Unterschiede, die dazu führen müssen, dass jeder Russell Terrier schon von Weitem klar entweder als Parson oder als Jack zu identifizieren ist. Im Folgenden werden die wichtigsten Rassemerkmale kurz angesprochen; auf die Unterschiede zwischen den Rassen wird besonders hingewiesen. Diese Einführung soll und kann das Studium der beiden Standards im Original-Wortlaut aber nicht ersetzen.

Allgemeines Erscheinungsbild

Beide Standards weisen deutlich auf die Gebrauchstüchtigkeit der Rassen hin. Sie sind arbeitsfreudig, lebhaft und beweglich – Voraussetzung dafür, dass ein Hund seiner ursprünglichen Aufgabe nachgehen konnte. Die Unterschiede zwischen beiden Rassen liegen vor allem in den Körperproportionen: Beim Parson Russell übertrifft die Gesamtlänge des Körpers nur wenig die Wideristhöhe, der Hund ist also fast

Ein Parson Russell Terrier, wie er sein soll.

quadratisch (hochläufig). Der Jack Russell dagegen ist insgesamt länger als hoch, also rechteckig (niederläufig). Bei beiden soll der Brustkorb von zwei normalen Händen zu umspannen sein, der Jack Russell Standard nennt 40 bis 43 cm als wünschenswerten Brustumfang. Diese Terrier mussten schlank genug sein, um sich im Bau frei bewegen zu können, wenn es darauf ankam. Der Parson Russell Standard sagt im Übrigen klar, dass »natürlich erworbene Narben zulässig sind«, das heißt, dass Hunde, die sich bei der Jagd verletzt haben, nicht auf Grund dieser Narben im Ring abgewertet werden dürfen. Ein wichtiger Hinweis, der wohl auch für den Jack Russell gilt!

Verhalten/Charakter (Wesen)

Sowohl Parson als auch Jack Russell sollen lebhaft und mutig sein; ihre Wesensmerkmale sollen sie zum Jagdeinsatz befähigen. Dabei müssen sie freundlich zu Menschen und Artgenossen sein – eine wichtige Voraussetzung für ihre vielgepriesene Eignung als Haus- und Familienhunde.

Kopf

Zwar soll bei beiden Rassen das Vorgesicht etwas kürzer sein als der Oberkopf, der Stop ist jedoch flach beim Parson, gut ausgeprägt, wenn auch nicht zu stark betont, beim Jack Russell. Letzterer hat zudem eine gut entwickelte Backenmuskulatur.

Augen

Mandelförmig, dunkel, nicht vorstehend, mit durchdringendem Terrierausdruck.

Ohren

Bei beiden Rassen sind v-förmig nach vorn fallende, dicht am Kopf getragene Hängeohren

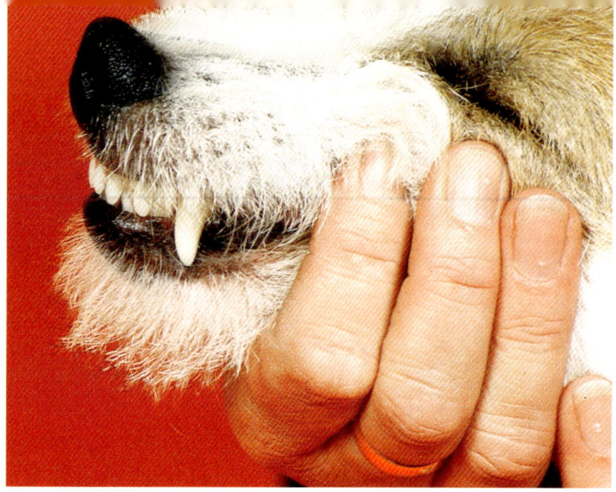

Kräftige Kiefer mit vollständigem Scherengebiss.

gefordert, beim Jack Russell sind kleine, oberhalb der Schädeldecke nach vorn gekippte Knopfohren gleichermaßen korrekt.

Kiefer/Zähne

Kräftiges Scherengebiss. Die Kiefer müssen breit und tief sein und kraftvoll zupacken können (notwendige Voraussetzung, um Beutetiere festhalten und aus dem Bau ziehen zu können).

Hals

Muskulös, von angemessener Länge, klar umrissen. Obwohl sich im Parson-Standard keine Längenangabe findet, ergibt sie sich aus den übrigen Forderungen: Eine aufrechte Kopfhaltung bedingt eine gute Halslänge, ohne sie wäre die Bauarbeit eingeschränkt.

Der Ausdruck ist durchdringend und aufmerksam.

Körper

Abgesehen von den deutlich unterschiedlichen Proportionen sollen beide einen kräftigen, geraden Rücken und eine muskulöse Lendenpartie haben. Der Brustkorb darf nicht zu stark entwickelt sein, beim Jack Russell soll das Brustbein die Widerristhöhe halbieren, wobei trotz der Niederläufigkeit immer noch ein guter Bodenabstand gefordert ist. Beim Parson ist der Brust-

Die Ellenbogen liegen gut am Körper an.

Die Hinterhand ist kräftig und muskulös.

korb mäßig tief, er darf nicht tiefer als bis zu den Ellenbogen hinabreichen.

Rute

Nicht über den Rücken geringelt, in der Bewegung aufrecht getragen. Im Stand darf die Rute herabhängen – dies spricht nicht gegen das Terriertemperament. Auch die kupierte Rute muss in jedem Fall so lang bleiben, dass bei Bedarf der feste Zugriff mit der Hand möglich ist.

Vorderhand

Die Schultern liegen schräg zurück, die Läufe gerade. Dazu soll beim Jack Russell der Oberarm ausdrücklich angemessen lang und so schräg gelagert sein, dass die Ellenbogen gut unter dem Körper platziert sind.

Hinterhand

Bei beiden Rassen ist sie kräftig, muskulös und gut gewinkelt sowohl in den Knie- als auch in den tief angesetzten Sprunggelenken. Von hinten gesehen stehen die Läufe parallel.

Pfoten

Sie sind kompakt mit strapazierfähigen, festen Ballen und werden weder nach innen noch nach außen gestellt.

Gangwerk/Bewegung

Beide Russells haben ein freies, koordiniertes Gangwerk mit gutem Schub und Raumgriff aufzuweisen, wobei sich Vorder- und Hinterläufe parallel und geradlinig vorwärts bewegen.

Haar

Ein Gebrauchshund braucht Haar, das ihn bei jeder Witterung und in jedem Gelände schützt. Entsprechend sind die Forderungen der Standards: Das Haar muss wetterfest sein und dicht anliegen, beim Parson Russell müssen sogar Bauch und Schenkelinnenseiten behaart sein. Parsons können glatt- oder rauhaarig sein, beim Jack ist zusätzlich auch Stichelhaar erlaubt.

Das Haar muss wetterfest sein, sowohl das Glatthaar (oben) als auch das Rauhaar.

Die ideale Farbverteilung – an Kopf und Rutenansatz.

Farbe

Bei beiden Rassen ist Weiß die vorherrschende Farbe, schwarze und/oder lohfarbene Abzeichen in allen Schattierungen sind zulässig. Beim Parson sind sie vorzugsweise auf Kopf und Rutenansatz beschränkt, der Jack Russell Standard macht hierzu keine Angaben.

Größe/Gewicht

Beim Parson werden als ideale Widerristhöhe 35 cm bei Rüden, 33 cm bei Hündinnen genannt mit einer Toleranz von ± 2 cm, ein erwünschtes Gewicht bleibt unerwähnt. Anders beim Jack: Die ideale Widerristhöhe liegt zwischen 25 und 30 cm; pro 5 cm wird 1 kg Gewicht verlangt, was aber nie zu Lasten einer ausgewogenen Gesamterscheinung gehen darf.

Vom Welpen zum Champion

Auch ein noch so viel versprechender Welpe muss sich nicht unbedingt zum Ausstellungshund entwickeln. Zwar zeigt ein Welpe schon mit acht Wochen einige Anlagen, aber danach kann noch so viel schief laufen! Er kann zu groß oder zu lang werden, der Zahnwechsel kann einen fehlerhaften Gebissschluss bringen.

Ein erfahrener Züchter hat in der Regel ein gutes Auge für die Qualität seiner Welpen, aber auch er kann nichts garantieren. Im Extremfall kann ein viel versprechender Welpe mit sechs Monaten alle Vorzüge verloren haben, die ihn zum guten Ausstellungs- und Zuchthund hätten werden lassen – umgekehrt kann aus einem »hässlichen Entchen« ein schöner Schwan werden, der als reiner Haushund für seine Rasse wirbt, wenn sein Besitzer keine Ambitionen hat.

Die Fotos auf der gegenüberliegenden Seite zeigen die Hündin Snow Winds Hailey, heute Amerikanischer Champion, in verschiedenen Alters- und Entwicklungsstufen.

VOM WELPEN ZUM CHAMPION

Fotos: Marcia Walsh

▲ Snow Winds Hailey mit neun Wochen.

▲ Mit vier Monaten.

◀ Mit sieben Monaten.

Amerikanischer Champion ▶
Snow Winds Hailey.

Kapitel 9

Gesundheit und Krankheit

Trevor Turner, Tierarzt

Sowohl Parson als auch Jack Russell Terrier sind Arbeitsterrier mit einer relativ geringen Disposition zu Erbkrankheiten. Dieses Kapitel geht auf die so wichtige Gesundheitsvorsorge ein, erläutert Erste-Hilfe-Maßnahmen für den Notfall und spricht schließlich rassetypische Probleme an.

Gesundheitsvorsorge

Ihr Russell ist von Natur aus ein kleines Energiebündel und braucht jeden Tag ausreichend Bewegung und Beschäftigung, sonst wird er schnell zu dick – ganz gleich, wie viel Sorgfalt Sie bei seiner Ernährung walten lassen. Das wiederum führt zu Gelenkproblemen und schließlich zu Arthritis, ganz zu schweigen von anderen gesundheitlichen Beeinträchtigungen.

Regelmäßige Bewegung ist somit ein Teil der Gesundheitsvorsorge. Ein Spaziergang in der Kühle des Sommerabends ist dabei eine Sache, sich durch einen eisigen Novembersturm zu kämpfen, eine völlig andere – zumindest für Sie, nicht so für Ihren vierbeinigen Freund: Beides bereichert sein Leben, beides ist eine Notwendigkeit, auch wenn's noch so schwer fällt.

Trotz aller Vorsicht ergeht es manchen Hunden wie manchen Menschen: Sie werden im Alter unweigerlich dick. Auch diese Hunde brauchen Bewegung, sie muss aber den individuellen Gegebenheiten angepasst sein: Besser sind hier kürzere, aber häufigere Ausgänge. Vermeiden Sie auch auf jeden Fall die Hitze an Sommertagen! Zu viele alte Hunde werden von ihren Besitzern hinter sich hergezogen, obwohl sie sichtlich unter der Mittagssonne leiden – etwas, was ihnen in jüngerem Alter fremd war. Hunde sind eben wie Menschen: Sie altern wie wir – nur leider schneller.

Impfungen

Mit einer Impfung soll das Abwehrsystem des Hundes stimuliert werden. Es soll aktive Immunität entwickeln, ohne dass das Tier selbst

Krankheitssymptome zeigt, obwohl die Erreger in dessen Körper gebracht wurden. In der Regel haben die Welpen schon im Mutterleib über den Blutkreislauf der Mutter einen gewissen Schutz mitbekommen, sofern diese ausreichend geimpft war; nach der Geburt erhalten sie ihn über die Muttermilch. Diese »passive Immunität« ist spätestens vier Wochen nach dem Absäugen verschwunden, und dies ist der Zeitpunkt, an dem das Impfprogramm beginnen muss. Nach dem gegenwärtigen Wissens- und Erfahrungsstand sollte die Grundimmunisierung in der achten Lebenswoche mit der Impfung gegen Staupe, Hepatitis, Parvovirose und Leptospirose beginnen und nach jeweils vier Wochen – also mit 12 bzw. 16 Wochen –, ergänzt um die Tollwutimpfung, aufgefrischt werden. Nach der ersten Impfung sollte der Welpe für 10 bis 14 Tage (so lange dauert der Aufbau des Impfschutzes) keinen Kontakt mit fremden Artgenossen haben – das Risiko wäre zu groß. Besprechen Sie alle Einzelheiten vertrauensvoll mit Ihrem Tierarzt, sobald sich Ihr Kleiner einigermaßen eingewöhnt hat.

Auffrischungsimpfungen

Jeder Impfschutz lässt nach einiger Zeit nach; rechtzeitige Auffrischung ist notwendig – wann, hängt von der Art des Impfstoffs und der Infektion ab. In der Regel hält eine Impfung mit abgetöteten Erregern nicht so lange vor, es muss häufiger nachgeimpft werden. Moderne Kombinationsimpfstoffe bewirken mit nur einer Injektion einen Schutz gegen mehrere Krankheiten – eine erfreuliche Vereinfachung, die zudem die

Das Impfprogramm beginnt in der Regel in der achten Woche.

Kosten senkt. Die einzelnen Komponenten bringen aber zum Teil einen Schutz von unterschiedlicher Dauer. Aus diesem Grund wird der Zeitpunkt für die notwendige Auffrischung einer Impfung mit Kombinationsimpfstoff stets von der darin enthaltenen Komponente mit der kürzesten Wirkungsdauer bestimmt.

Grundsätzlich teilt man die zur Verfügung stehenden Impfungen in zwei Gruppen ein: die obligatorischen und die fakultativen.

Obligatorische Impfungen sind notwendig zum Schutz vor ernsten Infektionen, die schwer zu behandeln sind und tödlich verlaufen können. Dies sind in Europa Staupe, Hepatitis, Leptospirose, Parvovirose und Tollwut. Diese Impfungen sind ein Muss für jeden Hund, Nachlässigkeiten sind durch nichts zu rechtfertigen. Kein Tierarzt dürfte hier zu Konzessionen bereit sein!

Fakultative Impfungen sollten gegeben werden, wenn erhöhte Ansteckungsgefahr im jeweiligen Einzelfall gegeben ist. Es stehen z.B. Impfstoffe gegen Zwingerhusten, Koronavirose und Borreliose zur Verfügung; insbesondere die letztgenannte Impfung kann aber Reaktionen hervorrufen. Die Impfung gegen das Bordetella-Virus (ein Auslöser von Zwingerhusten) über Nasentropfen – auch das ist möglich! – schützt nur für sechs bis neun Monate; sie empfiehlt sich nur dann, wenn Ihr Russell Terrier intensiv mit vielen fremden Hunden in Berührung kommt (zum Beispiel in einer Hundepension). Wann diese Impfungen anzuraten sind, hängt von den Gegebenheiten im Einzelfall ab; eine Entscheidung sollte unter sorgfältiger Abwägung von Nutzen und Risiken getroffen werden. Besprechen Sie das individuelle Impfschema schon bei der zweiten Basisimpfung mit Ihrem Tierarzt!

»Impfungen gegen tödliche Infektionen sind obligatorisch.«

Bis vor Kurzem noch galten die Impfempfehlungen der Hersteller als unantastbar. Infolge der Bedenken mancher Hundehalter wegen möglicher Impfreaktionen ist nun ein Umdenkungsprozess im Gange. Erst- und Wiederholungsimpfungen werden zunehmend den individuellen Gegebenheiten angepasst; der Hund wird gleichsam »maßgeschneidert« geimpft. Wirklich ernste Impfreaktionen sind aber nur in wenigen Einzelfällen beobachtet worden, die meist mit dem Immunsystem zu tun hatten und durch weitere Faktoren mit ausgelöst wurden.

Grundsätzlich muss betont werden: Das Risiko einer Impfreaktion ist verschwindend gering verglichen mit den lebensbedrohenden Risiken einer möglichen Infektion. Deshalb wird nach dem gegenwärtigen Wissensstand von allen Fachleuten nach wie vor der jährliche Auffrischungsrhythmus zumindest der obligatorischen Impfungen dringend empfohlen.

Haben Sie dennoch Zweifel, bietet sich die folgende Alternative: Mit Hilfe von Bluttests kann bei jedem Hund sicher geprüft werden, wie hoch sein Antikörpertiter ist, ob und gegebenenfalls wann also nachgeimpft werden muss. Die Kosten für diesen Test liegen aber deutlich über denen für eine Auffrischungsimpfung gegen alle Infektionen zusammen! Zudem bedeutet jede Blutentnahme für den Hund nicht unbeträchtlichen Stress, da der Stich in die Vene eine größere Belastung und schmerzhafter ist als die Injektion unter die Haut oder in den Muskel. Auch hier ist eine sorgfältige Abwägung von Für und Wider ratsam.

Ansteckende Krankheiten

- **Hundestaupe** – Diese Infektionskrankheit hat dank der flächendeckenden Impfungen weitgehend ihre Schrecken verloren. Häufigste Symptome sind Fieber, Durchfall, Husten, Ausfluss aus Nase und Augen. Manchmal werden auch die Pfotenballen hart – diese »Hartballenkrankheit« ist eine spezielle Form der Staupe. Viele der erkrankten Hunde entwickeln nervöse Störungen wie Anfälle, Zuckungen oder Lähmungen.

Ein vorzüglicher Jack Russell Terrier Kopf.

- **Hepatitis** – Die ansteckende Leberentzündung wird durch das Adenovirus verursacht und ist durch die Impfungen nun unter Kontrolle. Sie kann in schweren Fällen zum plötzlichen Tod führen, in leichteren scheint sich der Hund nur unwohl zu fühlen. Schwere Hepatitis geht meist mit Fieber, geschwollenen Lymphknoten und einer Lebervergrößerung einher. In Folge einer Hornhautschwellung können sich die Augen während der Heilung blau verfärben; der Hund sieht aus wie erblindet. Dies geht aber meist problemlos zurück.
- **Parvovirose** wird von einem Virus verursacht, das in der Umwelt besonders lange überlebt. In den 80er Jahren hatte diese Krankheit in Europa epidemische Ausmaße. Die Symptome sind vor allem Erbrechen und blutiger Durchfall. Der umgehenden Entwicklung wirksamer Impfstoffe ist zu verdanken, dass die Krankheit unter Kontrolle gebracht werden konnte.
- **Tollwut** – Die Tollwutimpfung ist in vielen Ländern Pflicht und für den Grenzübertritt obligatorisch, wobei die Impfung mindestens vier Wochen zurückliegen muss, wenn es sich nicht um eine Wiederholungsimpfung innerhalb eines Jahres handelt. Das Virus wird durch den Biss infizierter Tiere übertragen und gehört zu den Zoonosen, also zu den auch auf Menschen übertragbaren Krankheiten. Leider ist die Behandlung meist erfolglos – bei Mensch und Hund.
- **Zwingerhusten** kann durch das Parainfluenzavirus oder auch durch Bordetella-Bakterien bedingt sein. Die Krankheit ist in der Regel nicht lebensbedrohend außer bei sehr kleinen Welpen und sehr alten Hunden. Sie zeigt sich in langwierigem, hartnäckigem Husten, der sich rasch ausbreitet. In vielen Kombinationspräparaten ist die Impfung gegen das Parainfluenzavirus enthalten, sie sollte jährlich oder sogar früher aufgefrischt werden, wenn der Hund z.B. durch Ausstellungsbesuche oder Gruppentraining einem erhöhten Risiko ausgesetzt ist. Die Impfung gegen Bordetelliose ist mittels Nasentropfen möglich, bringt aber nur einen recht kurzfristigen Schutz.
- **Borrelliose** (Lyme-Krankheit) wird durch Zecken auf Menschen und Hunde übertragen und äußert sich in Lähmungen, Fieber, Herz-, Nieren- und neurologischen Störungen.

Impfstoffe stehen sowohl für Menschen als auch für Hunde zur Verfügung.

Parasiten

Die Bekämpfung von Parasiten ist ein wesentlicher Teil der Gesundheitsvorsorge jedes Hundes, ganz gleich, wie er gehalten wird. Man kann Parasiten grob einteilen in

- **Ektoparasiten,** die auf oder in der Haut des Wirtstiers leben; hierzu gehören Flöhe, Läuse, Zecken und Milben, und
- **Endoparasiten,** die in ihrem Wirtstier leben. Die bekanntesten sind Würmer, aber genauso beachtenswert, wenn auch nicht so verbreitet, sind Kokkzidien und auch Guardia Lamblia, die beide Durchfälle hervorrufen.

Russells sind Naturburschen durch und durch, deshalb muss man durchaus mit unerwünschten Gästen wie Flöhen, Läusen und mehr rechnen. Wenn Ihr Russell sich kratzt, ist eine gründliche Untersuchung von Haut und Haar angesagt– damit sich ernstere Hautirritationen gar nicht erst entwickeln können. Regelmäßige Entwurmungen sind ebenfalls unerlässlich.

Ektoparasiten

Flöhe

Sie sind die häufigsten Ektoparasiten des Hundes, und auch unser den Garten liebenden Russell Terrier wird von ihnen nicht verschont. Manche Hunde zeigen trotz starken Flohbefalls keine Hautveränderung, andere entwickeln

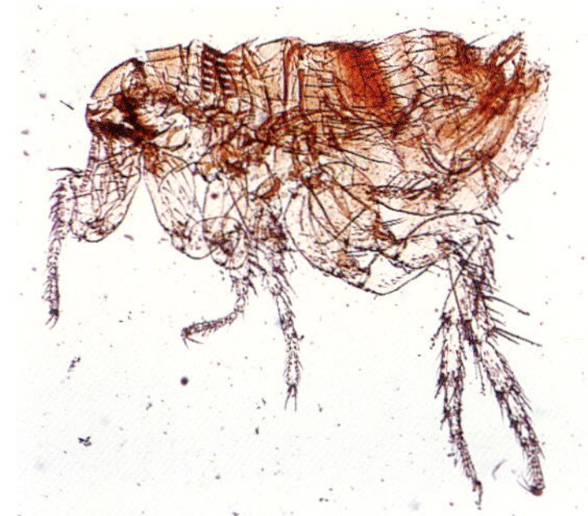

Der Hundefloh – Ctenocephalides canis.

schon nach einem Flohbiss eine Allergie. Flöhe sind nicht wirtsspezifisch, Überträger können Katzen, Igel, Hunde und viele andere Tiere sein, und sie befallen auch Menschen.

Eine wirksame Flohbekämpfung muss gegen die ausgewachsenen Flöhe auf dem Hund und die in unreifen Entwicklungsstadien befindlichen Flöhe im Haus gerichtet sein. Flöhe benötigen eine Blutmahlzeit, um ihren Lebenszyklus fortsetzen zu können – deshalb leben sie auf dem Hund, während sich die Eier in der Umgebung entwickeln. Bei günstiger Raumtemperatur und Luftfeuchtigkeit kann sich schon nach drei Wochen eine neue Generation entwickelt haben. Und ein Floh kann ohne jede Mahlzeit länger als ein Jahr überleben. Deshalb kann man sogar vom Floh gebissen werden, wenn man ein seit langem leer stehendes Haus betritt.

Als besonders wirkungsvoll bei Hunden haben sich Flohsprays und Präparate zum Auftragen auf eine bestimmte Stelle der Haut mit Langzeitwirkung erwiesen, die auch Flöhe in der Entwicklung abtöten. Gründliches Staubsaugen entfernt zudem einen Großteil der Flohlarven.

Es gibt oral zu verabreichende Mittel, die den Lebenszyklus der Flöhe stoppen, und

Sprays oder Puder zur äußeren Anwendung, die die ausgewachsenen Flöhe töten. Insektizid wirkende Shampoos töten kurzfristig alle Flöhe, haben aber keine längere Wirkungsdauer. Deshalb sollten sie stets in Kombination mit anderen Methoden angewandt werden. Die eingangs erwähnten Flüssigpräparate zum Auftragen auf die Haut sind besonders wirkungsvoll, ohne dass die Chemikalie ins Blut des Hundes gelangt. Sie breitet sich in der unsichtbaren Fettschicht auf der Haut des Hundes aus, und schon nach 24 Stunden ist der Hund für zwei Monate vollständig geschützt. Um beißen zu können, muss der Floh die Fettschicht durchdringen; er nimmt hierbei das Gift auf und stirbt.

Läuse

können ein Problem sein, sind aber nicht so allgegenwärtig wie Flöhe. Sie werden durch direkten Kontakt übertragen, und ihr ganzer Lebenszyklus spielt sich – anders als beim Floh – auf dem Wirtstier ab. Die Nissen kleben an den Hundehaaren. Der Befall geht mit heftigem Juckreiz einher und wird durch das Baden mit Ungeziefer-Shampoo bekämpft.

Zecken

Zecken können verschiedene Krankheiten übertragen, darunter die Lyme-Borreliose und die Babesiose. Diese Erkrankungen treten nicht mehr nur in wärmeren Ländern auf, durch die immer intensivere Reisetätigkeit auch mit Hunden sind die Erreger heute fast überall präsent. Viele Mittel für die Flohbekämpfung wirken auch gegen Zecken.

In der freien Natur ist die Gefahr des Zeckenbefalls groß.

Cheyletiella-Milben

Diese Milben sind mit bloßem Auge zu erkennen, sie sehen wie kleine weiße Flecken aus und werden deshalb auch »wandernde Schuppen« genannt. Sie treten häufig bei jungen Hunden auf, die sich in der Folge ständig kratzen und deren Haut auf dem Rücken und manchmal am Bauch schuppig wirkt. Diese Milben sind auf den Menschen übertragbar und führen zu starken Hautirritationen, vor allem bei Kindern. Die Behandlung mit einem der vorgenannten anti-parasitären Mittel führt in der Regel sofort zur Heilung.

Herbstgrasmilben

Diese kleinen roten Milbenlarven kommen vor allem im Spätsommer und im Herbst vor. Hunde nehmen sie in Feld und Wald auf. Sie sind mit bloßem Auge als winzige rote Punkte zu erkennen und verursachen vor allem an Kopf und Pfoten starke Irritationen. Alle gängigen Ungeziefersprays und -bäder zeigen Wirkung.

Endoparasiten

Vermutlich hat jeder Hund irgendwann in seinem Leben einmal Würmer – diese Schmarotzer kommen ungleich häufiger vor als alle anderen Arten von Endoparasiten.

Rundwürmer (Nematoden)

Die häufigsten Nematoden sind Spulwürmer; sie galten bis vor einiger Zeit bei Welpen als allgegenwärtig. Am meisten verbreitet ist der große, weiße, 7 – 15 cm lange Toxocara Canis. Sein Lebenszyklus ist komplex; Welpen können ihn schon vor der Geburt über ihre Mutter aufgenommen haben. Spulwurmlarven können im Gewebe erwachsener Hunde unendlich lange ruhen; erst während der Trächtigkeit werden sie in der Hündin aktiv und wandern über die Plazenta in die Welpen, in deren Darm sie sich weiterentwickeln. Auch über die Muttermilch können Larven übertragen werden.

Es sind viele wirksame Wurmpräparate auf dem Markt, in Pasten-, Tablettenform und als Flüssigkeit – sogar mittels Injektion kann entwurmt werden. Die Entwurmung muss schon im Welpenalter von 10 bis 14 Tagen beginnen (das ist das früheste Alter, in dem die von der Mutter stammenden Würmer bekämpft werden können) und regelmäßig wiederholt werden. Insbesondere vor jeder Impfung muss sichergestellt sein, dass der Hund wurmfrei ist. Auch erwachsene Hunde sollten zweimal jährlich entwurmt werden, vor allem, wenn sie in engem Kontakt zu Kindern leben. Chronischer oder starker Wurmbefall führt vor allem bei Welpen zu erhöhter Krankheitsanfälligkeit, Durchfall, Erbrechen, im schlimmsten Fall zum Tod.

Lassen Sie sich von Ihrem Tierarzt das richtige Medikament geben. Wenn Sie ganz sicher gehen wollen, empfiehlt sich die Kotuntersuchung durch den Fachmann.

Bandwürmer (Zestoden)

Auch Bandwürmer sind bei Hunden nicht selten. Anders als Rundwürmer werden sie nicht von Hund zu Hund direkt übertragen, sondern brauchen einen Zwischenwirt. Je nach Bandwurmtyp können dies Flöhe, Schafe, Pferde, Nagetiere und sogar Menschen sein.

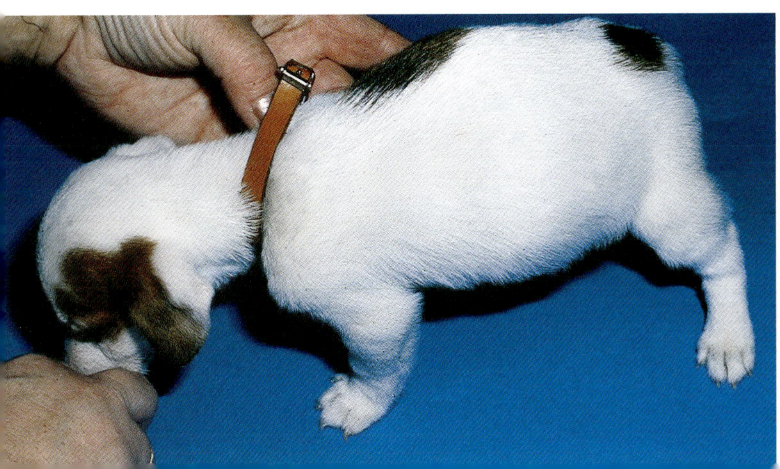

Der aufgetriebene Bauch dieses Welpen deutet auf starken Wurmbefall hin.

Ein Hundebandwurm.

Am häufigsten ist der gurkenförmige Hundebandwurm (Dipylidium Caninum). Er wird bis zu 50 cm lang und benutzt den Floh als Zwischenwirt. Er lebt im Darm des Hundes und wirft Glieder ab, die wie Reiskörner aussehen, Wurmeier enthalten und mit dem Kot ausgeschieden werden. Flohlarven nehmen diese Wurmeier auf. Wird der ausgereifte Floh von einem Hund verschluckt, gelangen die Wurmeier in dessen Darm, und der Lebenszyklus des Bandwurms hat sich geschlossen! Auch Bandwurmpräparate sind in großer Zahl auf dem Markt. Da aber die Bandwurmbekämpfung auf Dauer nur mit einer gleichzeitigen intensiven Flohbekämpfung erfolgreich sein kann, sollten Sie die Strategie auf jeden Fall mit dem Tierarzt besprechen.

Die Finnen anderer Bandwurmarten werden aufgenommen, wenn ein Hund rohes Fleisch von einem befallenen Wirtstier frisst.

Andere Wurmarten

Hakenwürmer und Peitschenwürmer gehören ebenfalls zu den Rundwürmern. Sie verursachen auf lange Sicht eine schlechte Allgemeinverfassung, bei starkem Befall Anämie und Dysentrie (Dickdarmentzündung). Die Würmer werden mit den üblichen Präparaten gegen Spulwürmer schon im frühesten Welpenalter ebenfalls wirksam bekämpft.

Erwähnt werden müssen noch Lungenwürmer (Filaroides osleri), die sich in den Atemwegen vor allem junger Hunde ansiedeln und starkes Husten verursachen, sowie die bis zu 30 cm langen Herzwürmer (Dirofilaria immitis), die in vielen warmen Ländern vorkommen. Ihre Larven werden durch Mückenstiche übertragen. Konsultieren Sie den Tierarzt, bevor Sie mit Ihrem Hund in eine gefährdete Gegend reisen! Auch gegen diese Würmer gibt es wirksame Mittel.

Notfallmaßnahmen

Ihr Russell Terrier ist ein neugieriger, aktiver Draufgänger, deshalb sind Unglücksfälle leider nicht ausgeschlossen, und er ist vor Verletzungen nicht gefeit – sei es durch Autounfälle, Bisse bei Streitereien mit Artgenossen, Verbrennungen oder auch Verbrühungen; auch Hitzschlag, Vergiftungen und Insektenstiche, die akute allergische Reaktionen bedingen können. Auch Anfälle oder Schockzustände erfordern rasches Handeln.

Ihr jagdfreudiger Kleiner könnte bei seiner Lieblingsbeschäftigung in Löcher oder von Felsen fallen, auch bei plötzlich auftretendem blutigem Durchfall ist schnelles Handeln vonnöten. Was auch geschieht – es gibt einige Regeln, die grundsätzlich befolgt werden sollten:

1. Bleiben Sie ruhig, bitte keine Panik!
2. Holen Sie, wenn möglich, Hilfe. Rufen Sie den Tierarzt an, schildern Sie die Lage, befolgen Sie unbedingt seine Anweisungen.
3. Bei Verdacht auf Verletzungen halten Sie den Hund so ruhig wie möglich. Das sollte bei der Größe Ihres Russells kein Problem sein!
4. Befindet sich der Hund im Schockzustand, muss er warm gehalten werden. Halten Sie ihn, in Decken gewickelt, fest in den Armen!
5. Bei einem Knochenbruch, vor allem der Wirbelsäule, legen Sie ihn zugedeckt in eine Kiste. Halten Sie ihn so ruhig wie möglich!
6. Bringen Sie den Patienten, so schnell es geht, zum Tierarzt. Fahren Sie vorsichtig, beachten Sie die Tempolimits!

Jeder Hundebesitzer sollte Erste-Hilfe-Kenntnisse haben.

Erste Hilfe

So nennt man die erste Behandlung, die der Hund unmittelbar nach Eintreten des Notfalls erhält mit dem Ziel, Leben zu retten, Schmerzen und Beschwerden zu lindern, das Risiko bleibender Schäden zu minimieren und Folgeverletzungen zu verhindern.

Besonders wichtig ist Erste Hilfe, wenn Ihr Hund einen Anfall erleidet oder bewusstlos wird (kollabiert), bei Atembeschwerden, Blutungen und im Schockzustand.

Schock ist ein komplexer Zustand und schwer zu definieren; er führt stets zu einem dramatischen Abfall des Blutdrucks. Mögliche Ursachen sind:

- Starker Blutverlust
- Herzversagen
- Akute allergische Reaktion
- Hitzschlag.

Ein Schock zeigt sich u.a. in

- beschleunigter Atemfrequenz
- Herzrasen
- blassen Schleimhäuten an Gaumen, Lefzen und unter den Augenlidern
- Erbrechen
- schwer depressivem Zustand
- kalten Gliedmaßen und Ohren.

Die wichtigste Maßnahme ist, den Hund warm zu halten. Halten Sie ihn ruhig und bringen Sie ihn schnellstmöglich zum Tierarzt, vor allem, wenn er gleichzeitig blutet. Versuchen Sie, die Blutung zu stoppen.

Atemprobleme

Wenn Ihr Hund kollabiert ist, erbrochen hat und keine Luft bekommt, versuchen Sie zu allererst, die Atemwege frei zu bekommen. Seien Sie vorsichtig mit den nackten Fingern –

Russells sind robuste Naturbuschen.

Ihr Liebling hat in diesem Moment Todesangst und beißt in seiner Panik mit Sicherheit zu. Nehmen Sie's ihm nicht übel; benutzen Sie eine stumpfe Maulsperre und entfernen Sie alle Fremdkörper.

Hat die Atmung ausgesetzt, bearbeiten Sie durch sanftes, rhythmisches Pumpen seinen Brustkorb; hierbei können Sie direkt hinter den Ellenbogen fühlen, ob sein Herz schlägt. Falls nicht, versuchen Sie es mit Herzmassage! Legen Sie eine Hand um das Brustbein, dabei ziehen Sie seine Läufe leicht nach vorn; drücken Sie den Brustkorb über dem Herzen (direkt hinter den Ellenbogen) sanft zusammen.

Nach einem Verkehrsunfall fassen Sie das Opfer sehr vorsichtig an, legen Sie ihn in warme Decken gewickelt in einen Korb oder eine Box und bringen ihn auf schnellstem Weg zum Tierarzt.

Blutungen

Stark blutende Stellen an den Gliedmaßen müssen mit sauberem Verbandszeug möglichst fest bandagiert werden, damit die Blutung zum

Stillstand kommt. Ein übergezogener Plastikbeutel bietet guten Schutz vor Schmutz und Nässe.

An anderen Körperteilen, wie Kopf und Hals, sind Verbände nur schwer anzubringen; hier haben sich zum Stoppen der Blutung feuchtkalte Kompressen als wirksam erwiesen, die fest auf die Wunde gepresst werden, bis fachmännische Hilfe naht.

Verbrennungen und Verbrühungen

Kühlen Sie die verbrannte Stelle so rasch wie möglich, bedecken Sie sie mit feuchten Tüchern. Bei Verätzungen versuchen Sie, mit viel kaltem Wasser so viel von dem Ätzmittel abzuspülen, wie irgend möglich.

Hitzschlag

Bei schwül-heißem Wetter für längere Zeit in einem schlecht belüfteten Raum oder – vor allem – im Auto gelassen zu werden (auch ohne direkte Sonneneinstrahlung), ist die häufigste Ursache von Hitzschlag bei Hunden.

Die Körpertemperatur steigt rapide, irreversible Schäden können die Folge sein. Erste Anzeichen sind heftiges Keuchen mit Atemnot; Bewusstlosigkeit und Koma können schnell folgen. Senken Sie die Körpertemperatur des Hundes durch ein Bad in viel kaltem Wasser, wickeln Sie ihn noch nass in feuchte Tücher und bringen Sie ihn schnellstens zum Tierarzt.

Augenverletzungen

müssen immer sofort behandelt werden. Hindern Sie den Hund daran, am Auge zu kratzen! Schützen Sie das Auge mit einem in Wasser oder – besser noch – Kontaktlinsenflüssigkeit getränkten Pad und bringen Sie den Patienten zum Tierarzt.

Epileptische Anfälle

Während eines Anfalls ist Ihr Hund bewusstlos, er merkt nichts. Ein kleiner Trost! Je weniger Sie während des Anfalls eingreifen, desto besser. Am besten legen Sie ihn in seine Box, damit er sich nicht verletzen kann, wenn er aufwacht und nicht weiß, wie ihm geschieht. Gedämpftes Licht beschleunigt die Erholung. Meist dauert ein Anfall nicht länger als einige Sekunden bis wenige Minuten, und es ist ratsam, wenn der Hund sich erst etwas erholen kann, bevor Sie ihn zum Tierarzt bringen. Wenn er nach fünf Minuten immer noch krampft, sollten Sie sofort den Tierarzt kontaktieren.

Rassespezifische Probleme

Unsere aktiven, robusten Russell Terrier haben weniger unter Erbkrankheiten zu leiden als andere Rassen, z.B. spielt die bei so vielen anderen Rassen gefürchtete Hüftgelenksdysplasie (HD) kaum eine Rolle. Dennoch werden sie von den gleichen Problemen heimgesucht wie etliche andere Terrier. Nachfolgend werden einige Erkrankungen vorgestellt, die bei Parson und Jack Russells häufiger auftreten können.

Allergische Hauterkrankungen

Viele Russells reagieren besonders empfindlich auf Flöhe und andere Allergieauslöser, wie z.B. Gras und Blütenpollen. Allergien und Atopien sind die Folge! Wenn sich Ihr Hund also vor allem in Frühjahr und Sommer exzessiv kratzt, sollte zunächst eine gründliche Hautuntersuchung stattfinden, bevor Sie viel Geld für Flohmittel ausgeben.

Ein glatthaariger Jack Russell.

Analdrüsenverstopfung

Neben dem After befindet sich bei Rüde und Hündin auf jeder Seite eine kleine Drüse – ein Grund dafür, warum sich zwei Hunde zur Begrüßung am Hinterteil beschnüffeln! Manchmal verstopfen diese Drüsen und entzünden sich bis hin zum Abszess. Dies ist äußerst schmerzhaft und kommt beim Russell nicht selten vor. Wenn Ihr Hund sich ständig am Hinterteil zu lecken versucht oder auf demselben herumrutscht (»Schlitten fährt«), spricht einiges für verstopfte Analdrüsen. Gehen Sie sofort zum Tierarzt, bevor sich Schlimmeres entwickelt.

Patella-Luxation

Die Kniescheibenverrenkung tritt sowohl bei Jack Russell als auch bei Parson Russell vergleichsweise häufig auf. Normalerweise gleitet die Patella in einer Rinne am oberen Ende des Oberschenkelknochens; bei manchen Hunden ist diese Rinne nicht tief genug, und die Kniescheibe rutscht mehr oder weniger oft meist nach innen hinaus – mit der Folge, dass sich der Hund vorübergehend hüpfend vorwärts bewegt. In leichten Fällen gleitet die Patella von selbst in ihre alte Lage zurück, und die Lahmheit ist schlagartig verschwunden. Es können nur ein oder beide Läufe betroffen sein. Obwohl diese Missbildung erfolgreich operiert werden kann, sollte – da die Kniescheibenverrenkung fast immer genetisch bedingt ist – mit betroffenen Tieren nicht gezüchtet werden.

Verdauungsstörungen

Russells sind begeisterte Jäger, deshalb werden sie auf ihren Ausflügen von Aas – zum Beispiel toten Mäusen, Ratten und Kaninchen – magisch angezogen. Fressen sie ihre Beute, kann es zu Erbrechen kommen. Wenn dies nur vorübergehend auftritt und der Hund sonst fit ist, achten Sie darauf, dass er häufig kleine Mengen Wasser trinkt; wenn Sie ihn dann noch 12 bis 24 Stunden hungern lassen, sollte alles überstanden sein.

Bekommt er Durchfall, ohne dass er sich schlecht fühlt, setzen Sie ihn für ein bis zwei Tage auf Diät (Hühnchen, Fisch, Reis o.ä.). Halten Erbrechen und Durchfall trotzdem an, und finden sich sogar Blutspuren in den Ausscheidungen, müssen Sie sich an den Tierarzt wenden.

Übermäßiger Durst
ist eine der Verhaltensauffälligkeiten beim Hund, die vielerlei Ursachen haben können: Er kann einfach als harmlose Folge hoher Temperaturen oder nach wildem Spiel auftreten, aber auch mit Durchfall und Erbrechen einhergehen oder auf ernsthafte Störungen wie Nierenerkrankungen oder Diabetes hindeuten. Lassen Sie dies beim Tierarzt untersuchen!

Augenerkrankungen
kommen beim Russell durchaus häufiger vor. Das primäre Glaukom geht mit einer pathologischen Druckerhöhung im Augapfel einher und kann zur plötzlichen Erblindung führen. Im Gegensatz zum sekundären Glaukom, bei dem die Augeninnendruckerhöhung Symptom oder Komplikation einer vorherigen anderen Erkrankung ist, muss es als genetisch bedingt angesehen werden. Auch zur Linsenluxation besteht in der Rasse eine gewisse Neigung: Hier verlagert sich die Linse auf Grund einer erblichen Schwäche ihres Aufhängungsapparates in die vordere oder hintere Augenkammer, das Sehvermögen ist erheblich beeinträchtigt. Gleiches gilt für die Linsentrübung, den Katarakt, der zwar auch infektiös oder toxisch bedingt sein kann, aber meist erblich bedingt ist. Die Progressive Retinaatrophie, kurz PRA genannt, ist ein mit Nachtblindheit beginnender, fortschreitender Netzhautschwund; das betroffene Tier erblindet. Alle Augenerkrankungen gehören in die Hand von Spezialisten! Sie können in verschiedenen Altersstufen auftreten; deshalb werden jährliche Wiederholungsuntersuchungen empfohlen. Kranke Tiere gehören nicht in die Zucht!

Taubheit,
genauer gesagt die » erbliche Innenohrtaubheit«, ist auch bei Russell Terriern vermehrt beobachtet worden. Diese Missbildung resultiert aus schweren Veränderungen im Innenohr und ist auch operativ nicht zu korrigieren. Nach weit verbreiteter Auffassung ist Taubheit an bestimmte Fellfarben gekoppelt und tritt vor allem beim Merle-Syndrom und bei überwiegend weißen Hunden auf, zu denen auf Grund der Standardforderungen wohl auch Parson Russell und Jack Russell Terrier zu zählen sind. Dagegen spricht aber die Tatsache, dass auch vorwiegend farbige Russells als nachweislich taub diagnostiziert wurden.

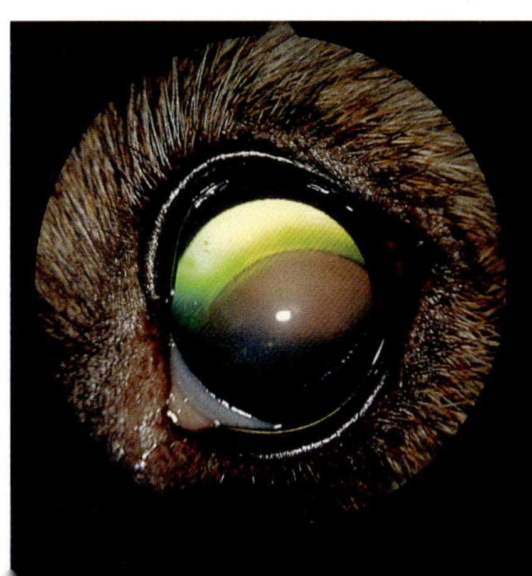

Linsenluxation.

Zuchthunde in spe sollten vor dem ersten Einsatz audiometrisch untersucht werden; nur mit zweifelsfrei auf beiden Ohren uneingeschränkt hörenden Hunden darf gezüchtet werden.

Für die Untersuchung gelten spezielle Vorgaben; sie kann nur von Tierärzten durchgeführt werden, die über ausreichende theoretische und praktische Kenntnisse verfügen und deren Praxis die technischen Voraussetzungen bietet.

Fettleibigkeit

ist kein rassespezifisches Problem, verdient aber wegen ihrer schwerwiegenden Folgen vor allem für den älteren Hund Erwähnung. Ist Ihr Senior als Folge von wenig Bewegung und zu vieler Leckerchen zu dick, führt das zu einer erheblichen Belastung von Herz, Lunge und Gelenken – was wiederum eine noch stärkere Bewegungsunlust nach sich zieht.

In diesem Fall mit dem alten Hund von einem Tag zum anderen besonders viel zu laufen, wäre unklug – sprechen Sie zunächst mit dem Tierarzt. Er wird sagen können, was sein Gewicht reduziert, ohne ihm zu schaden.

Orthopädische Probleme

können bei jedem besonders bewegungsfreudigen Hund auftreten, also ist auch Ihr Russell nicht vor ihnen gefeit. Bei Anzeichen von Lahmheit oder sichtbaren Schwellungen an den Gelenken sollten Sie den Tierarzt konsultieren. Rasche Behandlung kann dauerhafte Beeinträchtigungen verhindern.

Prostataprobleme

Vor allem älteren Rüden kann eine vergrößerte Prostata Beschwerden bereiten. Erste Anzeichen sind Schwierigkeiten beim Urinieren oder Kotabsetzen. Die Behandlung im Anfangsstadium bringt gute Erfolge. Die Kastration des Rüden (siehe Kapitel 4) lässt das Problem gar nicht erst entstehen; sind die Beschwerden bereits da, kann die Kastration Heilung bringen.

Pyometra

Bei vielen älteren Hündinnen entzündet sich irgendwann die Gebärmutter – in der Regel einige Monate nach einer Läufigkeit. Gesteigerter Durst, häufiges Urinieren, Erbrechen und Fressunlust sind deutliche Anzeichen. Bei dem geringsten Verdacht muss der Tierarzt konsultiert werden. Die Entfernung der Gebärmutter ist das sicherste Heilmittel. Noch besser ist aber eine frühzeitige Kastration!

Zum guten Schluss

Die Hinweise in diesem Kapitel sollen keineswegs dazu führen, Ihnen die Freude am Russell Terrier zu nehmen! Sie sollen Ihnen lediglich die Möglichkeit geben, auf Störungen, wenn sie wider Erwarten doch einmal eintreten, gezielt reagieren zu können. Damit Ihr Leben mit diesem robusten, lebhaften Terrier zum reinen Vergnügen wird!